自治体アウトソーシングの事業者評価

指定管理者制度とモニタリング・第三者評価

南 学 [著]

Outsourcing

学陽書房

はじめに

　指定管理制度への意識が大きく変わろうとしている。平成15年の地方自治法の改正によってスタートしたこの制度は、当初は、民間委託と同様に「経費削減」の主要な手段として捉えられていた。しかし、直営、あるいは外郭団体への管理運営委託形態からの移行が急激だったために、外郭団体が競争に敗れた場合の職員の雇用の問題、漠然とした民間事業者の管理運営に対する不安、委託契約（協定書）の内容の明確化やリスク分担などの記述の未整備などで、導入への戸惑いが大きかったことも確かである。そのために、公募期間を短く設定したり、十分な情報公開がなされないことから「出来レース」と批判されたケースもあったほどである。

　そして、経費削減効果を急ぎすぎたために、指定管理料（委託料）を低くしすぎて、指定管理者が業務を返上したり、倒産したりして、管理運営に支障が生ずる事例が発生したこともあった。また、埼玉県ふじみ野市のプール事故のように、管理運営委託を行っても運営マニュアルの整備や履行確認が不十分なために、自治体の管理責任が厳しく問われる事例も生じるなど、経費削減手段としての指定管理者制度は、壁に突き当たったといっても過言ではない。

　一方で、まだ少ないものの、民間事業者らしい、あるいは専門事業者らしい創意工夫で、利用者の評判が著しく向上した事例も登場するようになった。

　トラブルに直面する事例も、高い評判を得る事例も、実は、指定管理の条件設定とモニタリングの組合せがうまくいくかどうかにかかっているという理解が広がってきたことも、制度発足から5年を経過した現状である。

　本書では、行政機関は制度設計や維持管理というコーディネート機能を担当し、サービスの提供は民間事業者が担当するという、官民の役割分担が大きく変わるシンボリックな事例として、アウトソーシング・指定管理者制度に注目した。そして、指定管理者制度におけるモニタリングに注目し、モニタリングそのものも第三者（民間）に委ねるシステムの展開を追求し、アウトソーシング全般への適用可能性を解説した。

2008年秋　南　学

目　次

序　章　これからの公共の役割 …………………………………… 1

① 「行政改革」の成果が問われる …………………………………… 2
- 単なる「消滅」となった従来型「行政改革」　2
- 行政サービスを根本から変える「改革」とは　3
- 介護保険制度と指定管理者制度のインパクト　3
- 問われる公務員の専門性　4
- 指定管理者制度で管理監督責任の明確化　6

第1章　自治体アウトソーシングの時代 …………………………… 9

① 避けられない自治体業務の外部委託とその背景 ………………… 10
- 経済の成熟化による行政需要増と税収減　10
- アウトソーシングへの多様な手法導入の背景　13
- アウトソーシングが自治体で拡大する理由　15
- 「夕張ショック」によって加速されるアウトソーシング　16
- 人件費と事業費が歳出削減のターゲットに　18

② 自治体版「市場化テスト」としての「提案制度」 ……………… 22
- 自治体業務を市民視点で捉え直す　22
- 「市民を出発にした補完性の原理」からの発想　23
- 提案制度の特色と共通点　25
- 提案制度の意義と効果　26
- 提案制度の限界と克服への手法　28
- 継続して検討という「積み残し」が多い　30
- 一定の軌道修正が必要な提案制度　31

③ 行政改革手法の主流となる指定管理者制度 ……………………… 34
- 指定管理者制度と提案制度の活用とその発展の可能性　34

第2章　指定管理者制度におけるモニタリング …………37

① アウトソーシングにおけるミッション、契約、評価…………38
- アウトソーシングの主流となった指定管理者制度　*38*
- 指定管理者制度の背景　*39*
- 指定管理者制度によって問われる課題　*44*
- 公共施設におけるミッションの明確化　*45*
- 指定管理者の選考と「指定」（契約）　*48*
- 最大の課題となるモニタリング　*52*

② 指定管理者制度の本格的適用となった病院事業 …………56
- 先進事例から何を学ぶか　*56*
- 突如、最大の課題となった港湾病院の管理運営　*56*
- 大規模病院の管理運営を委託する枠組みで問われたもの　*60*
- 公務員制度で民間より高い管理運営コストに　*63*
- 指定管理者制度導入で示された「公務」の客観化　*64*

③ モニタリングの手法とコスト …………66
- 標準化される指定管理者制度におけるモニタリング　*66*
- 四日市市指定管理者モニタリングマニュアル　*66*

第3章　横浜市における指定管理者の第三者評価制度 …………79

① モニタリング・第三者評価の活用方法 …………80
- モニタリングが最大関心事に　*80*
- 第三者評価制度導入の背景　*84*
- 民間評価機関も公募した「横浜方式」　*86*
- 自発的な評価を促す仕組みを基本に　*88*
- 民間評価機関による評価の普及への展望　*89*

- 参考1　平成18年度　指定管理者第三者評価実施状況（横浜市）　*91*
- 参考2　評価機関へのインタビュー　*98*
- 参考3　コモンズ21研究所の評価説明資料
  　　　（横浜市指定管理者第三者評価）　*108*
- 参考4　ご意見ダイヤルの概要（横浜市）　*112*

第4章　指定管理者の第三者評価制度の発展の可能性 ……………115

① なぜ第三者評価が注目されるのか ……………………………116
- 福祉サービス第三者評価がモデルに　*116*
- 介護保険制度によって利用者主体の制度設計に　*118*
- 指定管理者制度における第三者評価の定義・目的　*120*
- 第三者評価の必然性　*122*
- 第三者評価制度による専門的評価の実現　*123*
- 第三者評価の認証機関の必要性　*124*
- 公の施設の管理運営の専門化にも発展する可能性　*126*

第5章　アウトソーシングを成功させるために ……………………129

① 究極の「官民協働」はモニタリングの第三者評価制度で ………130
- 「経費削減」より公有資産の最大限活用という発想　*130*
- モニタリングの専門化から始めるミッションステートメント　*131*
- 第三者評価によるモニタリングの客観化　*133*
- 他の自治体にも第三者評価を拡大するには認証評価機関が必要　*134*

資　料 …………………………………………………………………137

横浜市指定管理者第三者評価制度
「評価マニュアル」第4部
　　　　　　　評価項目の解説マニュアル（地区センター等）　*138*

横浜市指定管理者第三者評価モデル契約書　*164*

指定管理者第三者評価実施上の留意点　*173*

平成20年度　横浜市指定管理者第三者評価機関認定申請及び
評価員等養成研修のご案内　*177*

これからの公共の役割

序章

1 「行政改革」の成果が問われる

■■単なる「消滅」となった従来型「行政改革」

　未曾有の財政危機が自治体を直撃している。好業績企業の立地や高額所得者の居住などの「税源」を擁する一部の自治体を除いては、団塊の世代のリタイア、人口減少、土地価格の下落という構造的な税収減少と高齢化による財政需要の増大で、いくら予算（歳出）削減、人員削減を行っても、財政危機の解消にはほど遠い、というのが実感ではないだろうか。

　さらに「追い打ち」をかけたのが、「夕張ショック」を契機にした、「自治体財政健全化法（地方公共団体の財政の健全化に関する法律）」による財政健全化指標である。実質赤字比率、連結赤字比率、実質公債費比率、将来負担比率という四つの指標によって、財政の危機状況が客観的な数字で示されるようになり、「数字の魔力」が自治体の財政運営に大きな圧力としてのしかかってきたと言えるであろう。もちろん、分母や分子、係数の選択によって数値は大きく変わることもあるので、数字が正しい実態を表現しているかどうかには判断が分かれるが、少なくとも、数字による財政状態の表現は、前提条件を揃えれば比較ができるという点で、客観性を持つ。その結果として自治体間の比較が容易になされるようになったことは確実である。

　夕張市の財政破綻の結果として、マスコミ報道等で、低福祉高負担という生活に及ぶ脅威の実態を知った住民は、自分の住んでいる自治体の財政状態が、今後の自分の福祉を支えてくれるのかどうかについて、発

表される数字に大きな注目を寄せるようになったのは自然な流れである。

これまでの「行政改革」の成果の判断基準として示されてきた数値は、予算（歳出）削減、人員削減、組織（部局）削減、給与・手当削減であった。しかし、これらの数値をみただけでは、もともと「余っていた」部分を削っただけなのか、「血の出るような」削減努力の結果なのかは分からない。そして、その「行政改革の成果（削減）」で、行政サービスの質的な向上が図られたのかどうか、将来の生活への不安が取り除かれたのかどうかを、確信を持って説明した事例はほとんどない。現状では必要な経費をまかなうだけの財源がないので、経費削減が目的となってしまった、といっても過言ではない。

行政サービスを根本から変える「改革」とは

「行政改革」＝「削減」では、あまりにも単純であり、市民が負担している税金がどこまで有効に活用されているのかについて、何の説明にもならない。「小さな政府」という表現があるが、それは、単純に行政の役割とサービスを「小さくする」ことではない。必要なサービスを提供するために、民間でもできることは民間に任せることで、相対的に行政機関による直接的サービスを縮小させ、サービスの質的な向上を効率的に図ることが、「小さな政府」の目的であることは明白である。

この観点からみた「行政改革」におけるもっとも大きなインパクトがあったのは、平成12年からの介護保険制度であり、平成15年からの指定管理者制度である。

介護保険制度と指定管理者制度のインパクト

この二つの制度が、「行政改革」による「構造改革」として大きなインパクトを与えたのは、公共サービスの大きな部分を構成している、福祉サービスと公共施設の管理運営において、行政機関による直接的サービスという限定を外したことである。この二つの制度によって、直接的

にサービスを提供するのは、行政機関でも民間事業者のどちらでも構わないという原則が確立され、一方で、行政機関は制度の設計、維持管理、サービス提供者に対する管理監督を確実に行うことが義務づけられたのである（福祉サービスには要介護度の認定作業が加わる）。

　この二つの制度が相次いで施行されたのは、偶然ではない。我が国の社会経済構造の変化そのものが反映されているといえる。それは、民間部門の資本蓄積と資金調達力の大幅な強化とサービス経済化に伴う、サービスノウハウの蓄積である。PFI（Private Finance Initiative）の成り立ちをみても明らかなように、民間企業の資金調達力はその量的な拡大はもちろん、エクイティ（株主資本）の増加をもたらすための増資や不動産の債券化など、その多様性も行政部門の従来型資金調達をはるかに上回るようになっている。そして、サービスノウハウにおいては、企業の苦情処理部門がマーケティングの最前線として位置づけられているように、「役所の無愛想な窓口」をこれまたはるかに凌駕しているのである。

　介護保険制度と指定管理者制度は、公共サービスが、イコール行政サービスとはならないことを、法律による制度確立によって示した、という点で画期的である。そして、この制度によって、「公務員制度とは何か」という問題にまで大きな問いを投げかけるようになる。つまり、直接にサービス提供を行う「現業部門」に、公務員を配置することの問題点である。正規の公務員は、法律や条例によって、勤務時間（いわゆる9時から5時が原則）と待遇（毎年号俸が上がる給与体系と厚い身分保障）が決められているので、成熟化した現代社会における多様なサービス提供には対応できないことは明らかである。したがって、介護保険制度と指定管理者制度によって、直接サービスの提供は、基本的には民間事業者が行うことが前提とされたのである。

■問われる公務員の専門性

　それでは、公務員制度が容認される「仕事」とはいかなるものなのか。

教員や警察官、消防吏員などの専門職は明確であるが、一般職の公務員という地位は、身分であって、職業を意味するものはないと言われている。「公共の福祉」を実現する行政機関（役所）の業務をフルタイムで行う「全体の奉仕者」であるから、労働三権に制限を課し、その見返りとしての身分保障を与えられているとも解釈されているが、やはり、どのような仕事をするのか、一般職公務員の専門性とは何かについて、明確な定義はない。

　これまでは、行政機関の基本的な業務とされてきた、福祉サービスの提供や公共施設の管理運営だから、公務員がその仕事に従事する、というのは分かりやすい説明であった。しかし、介護保険制度と指定管理者制度によって、直接サービスの提供は民間事業者が基本的な役割を担うという仕組みになると、公務員が従事する必要性はなくなるのである。

　介護保険制度では、行政機関が責任をもって行う業務は、制度維持のための財源である税金と保険料の算定と徴収、介護度の認定、サービス事業者のモニタリング（管理監督・評価）ということになる。また、指定管理者制度においては、公的施設の建設と改修という基本的な維持管理の計画策定、日常的な施設運営の計画策定と仕様書作成、指定管理者の選定とモニタリング（管理監督・評価）ということになる。ここに、行政機関に所属する公務員の「専門的業務」が発生することになる。

　公共施設の維持管理に関しては、従来から、民間事業者への業務委託が行われていた。これは、基本的な維持管理業務の内容が、勤務時間と給与体系が固定的な公務員にはなじまず、民間事業者に委託した方が柔軟な運営管理と経費節減の面で有利であったからである。しかし、公共施設である以上、設置責任、運営管理責任は行政機関にあることは明白であり、民間事業者への委託を行った以上は、その民間事業者に対する履行確認も含めて包括的なモニタリング（管理監督・評価）の責任が生じるのである。しかしながら、業務委託方式による管理運営委託は、会計法や地方自治法の規定で、競争入札が基本であることが定められている他は、「履行確認・検査」を経て委託費の支払いがある程度で、モニ

タリングは十分に意識されていなかった傾向にある。

■■■指定管理者制度で管理監督責任の明確化

　平成18年、埼玉県ふじみ野市の市営プールで小学生女児が吸水口に吸い込まれ死亡した事故において、民間事業者に業務委託をした市役所の管理責任が大きく問われることになったのは記憶に新しい。

　業務委託の場合は、施設の管理運営の主体は行政機関であり、施設の使用許可、利用料の徴収などの業務は行政機関に属し、包括的な管理運営を委託することはなく、広範な業務を委託するにしても、「全部」ではなく「一部」になる。したがって、日常的な管理運営マニュアルを示しても、その履行確認の責任は行政機関が全て負うことになる。しかし、指定管理者制度になると、施設使用許可や利用料徴収も含めて、包括的な管理運営を委託することになり、さらに、その委託（指定）は議会の議決を経るので、委託の内容も含めて情報公開がなされ、審査の対象となる。これにより、従来の業務委託方式よりも、より厳密な業務内容とその履行マニュアル、さらに、その業務へのモニタリングを組み入れることになる。なぜならば、指定期間を設定することになっているので、必ず、指定（委託契約）更新に際しては、指定管理期間中の業務履行状況についてモニタリングが必要になるからである。もちろん、指定を受けた民間事業者が十分に施設の管理運営を行うことができるだけの指定管理料も算定する必要がある。指定管理者制度を単なる「経費削減」の手段として捉えると、管理運営の責任に対する考え方が甘くなり、事故防止への対応が遅れたり、指定管理者が無理な業務を行うことで業務返上や倒産することも起こる可能性が大きくなるのである。

　ここにも、公務員の専門性が問われることになる（第2章の病院事業の事例を参照）。指定（委託契約）の内容の設計、モニタリングの内容と体制整備は公務員の役割となるからである。そして、さらに本書の内容（第3章）にもある、モニタリングそのものも委託する第三者評価制度の可能性を検討・設計し、実施のための工程管理を無理なく行うのが、

フルタイムの身分を持つ公務員の専門性となる。このような専門性を発揮できない職員は、行政機関に所属するという身分保障の対象とならない、というような考え方も否定できなくなるであろう。

　指定管理者制度は、単なる公共施設の管理運営委託ではなく、行政の役割を見直し、民間事業者との役割分担を明確にし、施設の目的と管理運営マニュアルを作成し、指定管理者を選定し、モニタリングを行うという、極めて専門性の高い業務に裏付けられる制度であることが明確になった。さらに、その業務を担う公務員の専門性を問うという「行政改革」の主要な議論も提供しているのである。

自治体アウトソーシングの時代

第1章

# 避けられない自治体業務の外部委託とその背景

■■経済の成熟化による行政需要増と税収減

　自治体における業務のアウトソーシングが拡がっている。このアウトソーシングの拡大は今に始まったことではない。地方財政が危機的状況であった1970年代の後半には、それまでの肥大化した行政サービスの見直しが課題となり、人件費を中心とするコスト削減の手法として自治体業務の外部委託の導入の推進が提言された。今でこそ、すでに数十年ほどの「行政改革」の歴史があるが、70年代当時は、「成長の限界」や「オイルショック」に象徴されるように、それまでの「右肩上がり」の成長型経済から成熟型経済への移行期にあった。
　この時期には、人件費の肥大化が将来的な財政運営を逼迫させる要因となることが強調され、「都市経営」という概念が唱えられ始めた。
　しかし、「経営」が十分に機能しないままに、その後の「バブル経済」とその崩壊後の「景気対策」（公共事業費の大幅な拡大）によって、地方財政は危機的な状況に陥り、多くの自治体で「財政非常事態宣言」が出されるようになった。「金がなくなった」状況のもとで、経費削減に結びつく外部委託が真剣に検討・実施されたのである。
　バブル崩壊後は、自治体の業務見直しも本格化し、NPM（New Public Management；ニュー・パブリック・マネジメント）の概念が紹介されるとともに、「行政評価」の取り組みも始まり、平成8年に三重県庁が実施した「事務事業評価」が瞬く間に多くの自治体に普及した。NPM、行政評価は多くの自治体にとって、事務改善、経費削減のツー

ルとして認識され、また、欧米のさまざまな手法の導入が試みられたのもこの頃である。

　行政サービスにおける経費削減に関しては、平成12年4月に地方自治経営学会が発表したレポート(「公立と民間とのコストとサービス比較―全国延べ316自治体からの報告とその分析」)が、民間委託が行政直営に比較して大幅な経費削減が図れることを数字で示した点で注目された。このレポートによると、ほとんどの行政サービスで、民間委託がコストは半額程度でありながら、サービス水準はほとんど変わらないか、むしろ良くなっている部分も多いという実態が紹介されている(図表1－1参照)。

図表1－1　公と民とのコスト比較（平成10年度決算）

項目	公・民のコスト比	備考
可燃ゴミ収集	44.6%	トン当り経費
不燃ゴミ収集	54.2%	トン当り経費
学校給食	47.4%	1食当り経費
庁舎清掃	47.6%	年間経費
市役所内案内業務	31.6%	年間経費
守衛	54.1%	年間経費
児童館	44.9%	社会福祉協議会等に委託
老人福祉センター	86.1%	社会福祉協議会等に委託
ごみ焼却場	76.0%	年間経費
下水道終末処理場	47.6%	年間経費

出所：「公立と民間とのコストとサービス比較」（地方自治経営学会：平成12年4月）より抜粋

　「行政評価」の意識の流れによって、直接に経費削減に結びつく外部委託にとどまらず、事業執行における質の向上を前提としながら経費削減も図る事業手法が紹介されるようになったのも、90年代後半の特徴の一つである。つまり、一般的な外部委託以外に、海外の事例などを参考にしたPFI、指定管理者制度、市場化テスト、特区申請などの手法が法

的整備により裏付けされ、メニュー化されて広範に取り組まれるようになってきている。

　このように、90年代後半までの行政サービスの外部（民間）委託の流れを振り返ると、外部委託の概念の変化をみることができる。それは、成長型経済から成熟型経済への転換に当たって、税収の伸びが鈍化したことから、それまでの行政サービス拡大の方向を見直し、「地方の時代」に相応しい主体性を持った「経営」の概念を導入するという基本方向が「新しい都市経営の方向」（㈶日本都市センター都市行財政研究委員会〈委員長：鈴木俊一、1979年〉）で提言されたことに象徴される。

図表1－2　外部委託の概念の変化

> 70年代
> 新しい都市経営の方向
> 経営主体としての自治体
> 将来コストとしての人件費への注目（官民比較）

> 90年代前半
> バブル経済の崩壊
> 景気対策としての起債による公共事業
> 行政評価の視点

> 90年代後半以後
> NPM、行政評価手法
> アウトソーシングのさまざまな手法
> 「夕張ショック」による財政健全化指標

■■アウトソーシングへの多様な手法導入の背景

　英国や米国におけるPFI、エージェンシー化、行政評価、官民競争入札（市場化テスト）のような民間活力導入のための手法が紹介され、導入される理由となったのは、規制緩和や法制度整備が行われたという背景もあるが、社会経済構造の変化が底流にあることを忘れてはならない。

　なぜならば、アウトソーシングのさまざまな手法の導入が検討され、実施されたのは、手法が開発されたからではなく、公共セクターの「衰退」の一方で、民間セクターの力量が「充実」してきたことが根底にあり、アウトソーシングは拡大することはあっても、行政直営のサービス中心に「戻る」ことはあり得ないことを認識する必要があるからだ。

　まず民間活力導入の基本となるのは、民間の資本蓄積が大きくなり、信用力の増大から、資金調達能力が格段に大きくなった社会経済の構造変化を前提としなければならない。明治維新以来、日本の社会資本整備はもちろんのこと、富岡製糸場のように本来であれば民間企業が建設する工場まで「官営工場」として、「官」の資金調達力に頼らざるを得なかったことと比べると、その意味がよく分かる。

　現在、国と地方を合わせて1,000兆円をはるかに超える政府債務（国債、地方債の長期債務と、財投債などの政府保証債務の合計）を背負っている「官」は、社会保障費の増大に「首が回らない」状態であるのに対して、1,500兆円にも及ぶと言われる個人金融資産を背景に、「民」の側は、数千億円という工場建設をはじめとして、活発な設備投資を行っている。PFIによる公共事業をみれば、長期にわたる投資のための資金調達を行うのは、「官」ではなく「民」になっている逆転現象も少なくない。

　民間の資金調達力が格段に大きくなったことと併せて、民間の力が伸びているもう一つの要因となっているのが、サービス分野におけるノウハウの蓄積である。日本の工業製品の質が高いのは、世界でもっとも厳しい評価の目を持った日本の消費者の要求に応えるための努力の積み

重ねがあったということは常識となっている。顧客の苦情受付窓口は、企業の品質向上の大きな「資源」ともなっているのは、民間の競争環境にあると言っても過言ではないだろう。人口密度が高く、民族的な同質性も高い日本では、ソフトも含めた「商品」の競争は品質と価格の両面において非常に厳しい。その競争の中で市場を拡大している企業のサービスノウハウの蓄積は、非常に大きなものがある。

　一方で「公的サービス」は独占状態、あるいは不採算を当然のこととして、競争にさらされてこなかった「官」においては、サービス分野は、民間に全く太刀打ちのできない領域になっている。

　例えば、介護保険制度の成立は、「官」の側の資金枯渇と、サービスノウハウの限界を象徴している。歴史的には「救貧対策」を主軸としてきた「官」の「独占事業」であった福祉政策・施策の事業主体が、介護保険制度という民間がサービス提供の事業主体となるシステムに転換したのが、平成12年であった。制度設計・維持管理、要介護度認定、事業者管理は、「官」が担当しつつも、要介護者に対するさまざまな福祉メニューの提供事業主体は、民間が主となったのである（我が国では、政府による福祉施策は、行政がその必要性を判断し、サービス（保護・援助）を提供する「措置行政」と言われてきたが、介護保険制度の成立によって、介護等の福祉サービスの必要性に関する「認定」は行政機関が行うものの、実際の福祉サービスは、民間を主体としたサービス事業者との「契約」によって行われるようになった）。

　民間部門で資金調達とサービス提供ノウハウの面で「官」をしのぐことが多くなると、「民」の側が圧倒的に有利な分野が登場することになる。公の施設における指定管理者制度である。「官」にとって、資金を投入した施設は、「ハコもの」であり、完成した直後から運営費というランニングコストを要する「負担」となる。しかし、「民」にとっては、施設建設は投資であり、これは収益（効果）を生む資産となる。当然のことながら、単純に資金を投入して施設をつくるのではなく、そこからの収益や効果（企業の社会的責任や社会貢献を含む）をあらかじめ組み

込んで計画を立てることになる。これは、初めに「ハコもの」建設があって、あとから運営方法を考える役所仕事とは全く違う取り組みになる。

■アウトソーシングが自治体で拡大する理由

　自治体でアウトソーシングが拡大しているのは、国とは違って、赤字地方債の発行が規制されて、自己財源調達が困難なことから、必然的に厳しい経費削減に対応せざるを得ないことによる。また、地域住民の生活に結びつく業務を行っていることから、常に、そのコストパフォーマンスに関して注目されているという事情もある。

　自治体と国を比較すると、国におけるアウトソーシングが進まないのは、赤字国債発行が事実上、自由であることが大きな理由とも言える。赤字国債の発行には法律の裏付けが必要であり、現時点の「衆参のねじれ国会」という状況の中で、一定の制約が議論されるようになっているが、衆院で与党が多数議席を維持している状況が続く限りは、大量の赤字国債の発行は、当分続く見込みである。また、国（府省庁）の予算執行に関しては、特殊法人や関連財団などへの随意契約が非常に多いのにもかかわらず、その業務の性質上、国民が身近に関心を持ちにくいことも改革・改善の動きが遅い原因となっている。これは、自治体の予算施行・契約状況とは大きく違っている。

　自治体の取り組みの特徴は、10年ほど前から「事務事業評価」という形式で、自治体の業務を公開して来たことを基礎に、住民をはじめとする民間事業者の知恵を公募するという提案制度を生み出して、実践していることにもある。それは、住民に密着した行政サービス提供を行っているという実態が基礎にあることで、サービスの範囲を限定することなく、住民との協働、つまりPPP（Public Private Partnership；パブリック・プライベート・パートナーシップ）の理念を現場の視点から現実的に展開しているからである。

　したがって、1970年代のオイルショック後の不況時における、地方公務員の給与・手当抑制や民間委託の推進、さらに財政状況が極端に悪化

した90年代後半からの自治体の取り組みを振り返ると、常に国に先行して、経費削減のために何らかの改革を進めざるを得ない事情が分かる。

* サマーレビュー方式による財政の見積もりと政策のリンクによる予算編成
* NPM概念の普及、PFIの導入
* 事務事業評価、公共事業の再評価（「時のアセスメント」など）
* バランスシート、行政コスト計算書の作成やABCによるコスト分析
* 指定管理者制度の導入、NPOなどとの「協働」
* 包括予算編成方式の導入
* 公募債発行に際してのIR〈Investor Relations〉（投資家への説明責任）、格付けなどの導入
* 財務諸表の整備　など

ざっと振り返っても、バブル経済の一時期を除いて、自治体における業務改革の取り組みは、常に国に先行していたと言うことはできるであろう。

自治体におけるアウトソーシングの拡大は、財源不足と住民の意識の反映という観点から、相当の程度に拡大してきたが、今後ますます加速していくことが予想される。それは、「夕張ショック」のインパクトによるところが大きいからである。

■「夕張ショック」によって加速されるアウトソーシング

「夕張ショック」後は、地域住民の関心も自治体の経営状況に及ぶ可能性が見えてきたことは確実である。財政的な破綻は、市町村が事業主体となっている国民健康保険や介護保険の住民の保険料負担の増加に結びつきながら、一方で、そのサービス体制は病院の閉鎖や介護施設の不足などで、文字通りの「低福祉・高負担」が現実の課題として突然に突

きつけられたことになる。さらに、職員に対する大幅な給与カットによって、生活の危機が現実的なものとなり、他に働く場所がある職員は次々に職場を去っていき、役所の通常の機能を果たすことも困難になるなど、「住民サービス」の低下は「見える」ようになる。

　個別事業に注目すれば、その業務は直営が望ましく、民間委託には一抹の不安があるというのは、ほとんど全ての自治体の業務に共通する。いかに「非効率で、無愛想な窓口が不満だ」と言われつつも、公務員がその仕事に従事しているという安心感は、根強い感覚として残っていることは確かな傾向である。

　このように、個別の事業、（窓口）業務に注目しすぎると、その改革の方向も、個別の事業毎に考えることになり、なかなか前に進めないことになる。しかし、財政破綻によって何が起こるのかは、夕張市で「実証」されたことになり、自治体の財政状態の悪化が住民生活に大きな影響を与えることが、住民の目にも明らかとなり、住民の関心を高めたのである。個別事業ではなく、トータルに自治体の財務状況を考えないと、「ある日突然に」全体のサービスが低下する可能性があるという現実を示したのが「夕張ショック」である。我が国の高齢社会の進展は、欧米の工業先進国に比しても非常に速いスピードである。財政状況を考えると、全体として、自治体業務のアウトソーシングを進めないと、ほとんどの自治体で財務状況がさらに悪化し、医療、福祉分野を中心にサービスが低下することは、確実になっている。

　交付税や補助金も含めた税源が限定されており、歳入増が望めないどころか、ますます厳しくなる環境にあるので、自主的な歳出削減を図らないと、いずれは「財政再建団体」となって、国の管理下に置かれて、夕張市やそれ以上の歳出削減を余儀なくされるのであるから、自治体にとっての歳出削減は「乾いた雑巾を絞る」段階にきているとも言える。同じように財務危機にある国で、歳出削減が思うように進んでいないのは、赤字国債を増発できるからという危機感の欠如であると言われている。自治体では財源不足になっても、地方債の発行には大きな制限があ

るので、歳出削減は絶対的条件となっている。

　しかし、施策分野区分ごとの個別事業の削減プランでは、状況が改善しないことが分かる。なぜならば、個別の事務事業を見直すことは、役所の縦割り組織構造を前提として、全ての部署が同じように「見直し」を行い、予算、組織、人員の「一律削減方式」を適用する方式にならざるを得ないからである。この一律削減も、当初は明らかに無駄な部分、非効率な部分を改善する効果はあったものの、10年以上続けてきた結果、どの部署も事業執行に支障が出るほどに、削減する余地がなくなってきたのも事実である（「カネがない」が合い言葉となり、役所内での負担を押しつけ合ったり、財源を奪い合うための内部交渉が長引き、延々と結論の出ない議論に時間を浪費している笑えない実態もある）。

人件費と事業費が歳出削減のターゲットに

　自治体の一般会計における歳出区分を考えると、一般会計の性質別歳出区分は、自治体によって表現や区分の違いはあっても、おおよそ、人件費、扶助費（社会保障）、行政運営費（物件費等の事務事業）、施設整備費（投資的公共事業や施設補修）、他会計への操出金、公債費というように六つに区分されることが一般的である。

　この性質別の歳出区分をみると、扶助費は高齢化によって増加することは確実であり、公債費は義務的経費として削減の余地はない。施設整備も道路や下水道などのメンテナンスとともに、地元の雇用確保のために最低限の必要額は計上しなければならない。他会計への操出金は、人件費や事務事業費、施設整備、公債費が含まれることを考えると、「一律削減方式」では対処が難しく、削減の余地があるのは、人件費と事務事業費のみということになる。

　自治体の財政に関しては、広範な市民に分かりやすく説明する手法を開発する必要がある。また、財政状況が今後ますます厳しくなることは確実であり、市民にとってもっとも重要となる健康、福祉、教育、防犯防災というサービスを維持するためにも、その他の事務事業の整理と事

務の効率化を目指すことは最重要課題となる。そして、事務事業の整理と事務の効率化を進める手段がアウトソーシングを進めることにあるという「単純な」発想が必要となっている。

　自治体の予算上は、事務事業費と人件費は別に計上されるが、実態としては、「課」という単位毎に人員が配置され、事務事業を執行するのであるから、この二つは密接にリンクしている。人員を減らしても、そのかわりに業務委託費を増やせば、事業実施主体が行政から民間事業者に替わっただけで、経費的にはどれだけ減ったのかを検証しなければ成果として評価することはできない（「行政改革」の成果として「人員削減数」を「誇示」する傾向もあるが、鵜呑みにして報道するマスコミの姿勢も含めて、もっと行政の予算編成上の仕組みを説明しながら、本来の「行政改革」を明確に打ち出す必要もあるのではないか。また、人件費とされるのは正規職員の給与費と手当であり、嘱託職員などの臨時職員の賃金は物件費にカウントされるという仕組みも、人件費全体を管理する上で支障となっている実態も解決が必要な課題である）。むしろ、東京都足立区役所や佐賀県庁では、人件費と事務事業費の区分を事実上なくして、正規職員を削減したり嘱託職員に替えたりすることで、その浮いた人件費（正規職員の削減の場合は800万円、正規職員から嘱託職員への入替は500万円）を事業費に回すことができる仕組みを導入して

図表1－3　事業費と人件費の関係

事業費とそれに従事する人件費（給与費）を一体的に把握し、執行管理することにより事業費が足りないときは、正規職員の給与費を嘱託職員の賃金とすることで、人件費部分を圧縮し、事業費に回すことができるようなルールをつくることができる（「包括予算配分」、「枠予算配分」などと呼ばれる庁内分権的予算編成方式で産み出された手法）

給与費 4000	事業費 2000	➡	給与費 3200	賃金 400	事業費 2400
総額　6000			総額　6000		

図表1－4　各制度の比較表

項目	嘱託員雇用・退職者再任用、派遣職員活用	業務委託	官民競争入札等	PFI制度	構造改革特区制度	指定管理者制度
根拠法	労働基準法他	民法他	公共サービス改革法	PFI法	特区法	地方自治法
対象	ほとんど全ての分野（ただし、正規職員の管理下〈業務指示に基づく業務〉）	公権力行使に当たらない業務	公法上（公共サービス改革法による法令の特例措置により、行政処分も対象となり得る）	公共施設等の整備等に関する事業	規制対象分野	「公の施設」の管理（行政処分が含まれる場合がある）
民間事業者等との関係	―	民法上の契約関係	民法上の契約関係を基本としつつ、本法により、当該契約関係に一定の制限を課す仕組み。	民法上の契約関係	民間事業者との契約を要する場合は、民法上の契約関係を基本としつつ、特区法の規定により、当該契約関係に一定の制限等を課す仕組み。	地方公共団体による「指定」（行政処分）により管理権限の委任を行う仕組み。
担い手の決定	個人契約、派遣職員は派遣法	入札により決定	入札により決定（官も入札に参加可能）	入札により決定	特区計画の認定による	指定による（議会の議決が必要）

出所：「公共サービス改革――入門編」（内閣府　公共サービス改革推進室）より抜粋

いる。

　このように、人件費と事務事業費を一体的に考えると、限られた予算の範囲内でできる限りの事業効果を達成するためには、アウトソーシングが必要不可欠となることは明白になるのである。

　もはや、自治体経営は、必要な事業を列挙し、その財源の不足を補助金や交付税に頼るという従来型の手法の限界を明確な形で示し、自らの財務状況を判断しつつ、中期的な見通しの中で必要な経費削減を行わなければならなくなったのである。そして、その中心的な削減策としてアウトソーシングが浮上してきたのは、まさに時代背景があってこそということができる。

2 自治体版「市場化テスト」としての「提案制度」

■自治体業務を市民視点で捉え直す

　平成18年6月2日に公布、同年7月7日に施行された「公共サービス改革法」(競争の導入による公共サービスの改革に関する法律)は、「市場化テスト法」とも表現されて、「官から民へ」の動きを加速する手法の一つとして大きな期待を集めた。自治体においても、同法3条によって国の行政機関等と同様に「その事務又は事業の全体の中で自ら実施する公共サービスの全般について不断の見直しを行い、その実施について、透明かつ公正な競争の下で民間事業者の創意と工夫を適切に反映させる」とされ、大阪府をはじめとして多くの自治体で「ガイドライン」が策定されたが、「市場化テスト」として取り組まれた事例はほとんどない。すでに、指定管理者制度をはじめとして、アウトソーシングに積極的に取り組んできた自治体にとっては、「市場化テスト」に正面から取り組むよりも、民間からの「事業提案制度」として、行政側からの「市場開放」よりも、全事業を対象に、民間からのアウトソーシングの提案を受け付け、可能なものから実施していくという手法をとったことになる。

　現時点では、自治体におけるアウトソーシングで、もっとも制度的に枠組みが整備され、範囲が拡大する手法は指定管理者制度であると結論することができる。しかし、「市場化テスト」の概念を取り入れた「事業提案制度」は、自治体の事業におけるアウトソーシングの基本的な課題を検討する上で、大きな問題提起をすることとなったので、その取り

組みを紹介することにする。

■「市民を出発にした補完性の原理」からの発想

「提案制度」の草分けは、千葉県我孫子市であった。この取り組みは、福嶋浩彦前市長のトップダウンによる目的意識が大きな役割を果たしている。

その目的意識は、

① 「新しい公共」という、市民・民間と行政との対等の関係を前提とした公共という概念のもとでは、行政の役割は公権力を伴う仕事以外は「コーディネート」機能が大きくなる。

② そして、少子高齢化でも環境問題でも、公共の役割は大きくなるが、それを全て行政が担当することはできないし、好ましいことではないので、地域のコミュニティの中で多様な民間の主体を育てていくことが重要である。

③ そのために、市の全ての事務事業の内容やコストを公開し、民間からのよりよいサービス提供についての提案を受け付ける（ただし、安い金額で委託を受けるというだけの提案は除く）。

④ このように、行政の側からの民間委託とは違って、市民・民間からの提案を受け付けて、外部の専門家や市民代表も交えて市民の利益になるのかどうかを審査するという民間主導型の提案制度である。

⑤ このような提案制度の実施を通じて、民間に任せた方がいい事業、本当に市がやらなければならない仕事というように、官と民の役割分担を根本的に考え直すことが重要。

⑥ 提案が採用されても、提案者を事業者として随意契約で委託するということは望ましいが、法的用件を満たす独自性がない時は、総合評価方式等で事業者を決めなければならない。この場合には提案者の創意工夫には一定の配慮をすることが大切である。

⑦ この提案制度は完成された制度ではないので、「歩きながらつく

っていく」制度として、進化させなければならない。
⑧　行政サービスのアウトソーシングには市民との信頼関係が重要なので、単なるコスト削減ではなく、市民参加と情報公開を徹底させ、議論を進める必要がある。
⑨　この提案制度によって、市民が必要なサービスを自らの権限で行うことを原則として、どうしてもできないものは税金を払って行政にやらせる、行政では市町村ができることを行い、できないものは都道府県、そこでできないものは国で行うという「市民を出発にした「補完性の原理」を実行していくことになる。

というような論理の流れになる。

　提案制度を実施した前市長の明確な視点は、「新しい公共」を「市民を出発にした補完性の原理」によって捉えることであり、市場化テストが先にあって、その実施のための一形態としての提案制度ではないことだ。提案制度によって、民間がその事業を実施する時には、指定管理者制度、PFI、市場化テストなどの手法を活用するというように、市場化テストはあくまでも手法の一つとしてしか認識されていないことに注意する必要がある。事実、我孫子市の場合は、提案制度の説明として「市場化テストの自治体版」という説明は一切していない。

　ここには、市民生活に密着したサービスを提供し、日常的に市民の意見や要望に対応している自治体行政のリアリティがある。国（府省庁）のように、あれやこれやと行政側の「正当性」や「妥当性」を強調し、そのための「屁理屈」を主張する姿勢の対極とも言えるであろう。自治体では、地域住民に「不信感」を持たれることに首長や議会議員は非常に敏感である。4年毎に選挙の洗礼を受けるからである。地域住民の動向に「鈍感な」首長や議会議員は、その地位を奪われる可能性が高い。特に首長には予算・人事権を中心に、その地域では非常に大きな権力を持つので、地域住民の「期待」も大きく、首長も自治体の幹部職員に対して、地域住民の要望に積極的に応えるように指示するという背景もある。

そして、我孫子市も、その後に取り組んだ東京都杉並区でも、「民間が実施できる業務を民間が行うことにより、政策立案や調整機能など本来行政が担うべき役割を強化できるとともに、提案を受けて業務を最初から見直すことにより職員の意識の向上が図られ、効果的な事務事業の執行が可能となる」（「杉並区行政サービス民間事業化提案制度報告書」、平成19年5月）というように、コスト削減のみを目的とするのではなく、「行政の機能強化」といったことも目的として、既存の所管組織の枠にとらわれない提案によって、縦割り行政の打破をもし、さらに、区民やNPO等の参画を一層進める契機ともなることが期待されたのである。

■提案制度の特色と共通点

このような協働の概念から、市民にも一定の役割を担ってもらう時に、市民の側からの提案を受けるようにしたのが、千葉県我孫子市の事例であった。税収や交付税をはじめとする財源はますます減少する傾向の中で、高齢化に伴う財政需要は大きくなるという客観的な状況は、役所が行政サービスの全てをそのまま継続することは困難であることを誰の目にも明らかにしている。したがって、役所はコーディネーターに徹する方向を目指し、民間に任せることが可能な業務は、市民や民間事業者にサービス実施を委ねる、という理念から出発したのが、我孫子市の「提案型公共サービス民営化制度」である。

佐賀県では、財政状況が非常に厳しいことから、役所内部で民間事業者に任せる業務を選定する作業を行ったところ、民間に「開放」が可能とした事業が全事業の1割強にとどまった。行政内部の意識を変えるためにも、地域に全事業を公表して積極的に提案を受け付けた。その結果、寄せられた371件の提案のうち8割は、役所の内部での検討では外部化できないという判断のあった事業であった。役所内部からの「発想」では限界があることから、民間事業者との積極的な対話を通じて、提案を促し、実現しようと取り組んだ。

杉並区では市場化テストの流れを敏感に感じ取りながら、徹底した事

業の「協働化」を目指すこととし、すでに実施して一定の成果をあげているNPO等へ働きかけて事業提案を募集する「協働事業提案制度」の経験をもとに、役所の全事業を対象に、提案制度を構築した。先行している佐賀県や我孫子市などの事例を研究しながら、学識経験者等で構成される「市場化提案制度検討委員会」を設置し、モデル事業として一部実施を試み、その進捗状況をみながら制度設計に反映させた。

それぞれの個性はありつつも、地方財政の悪化と高齢化の進展による従来型の業務展開に対する限界、地域住民の活動の活発化による協働概念の進展によって、提案制度の大筋で共通しているのが分かる。

特に、後発で提案制度を構築した杉並区では、「検討委員会」を設置し、事業者選定審査やモニタリング機能の検討を加えた。この第三者で構成される委員会によって、後に述べるような事業者選定の基準やモニタリングの基本的な考え方が、役所内部における議論の方向を積極的な方向へリードし、なおかつ構成委員のさまざまな経験や知識を持ち寄り、モデル事業の方向性や事業、事業者選定への客観的な根拠を示すことで、一種の事業実施の「担保」機能を果たすこととなった。

▪▪▪提案制度の意義と効果

提案制度は、単に役所の仕事（事業）を民間事業者に開放するために、提案を募集するという制度ではない。前述したように、財政難の中で、公務員の硬直した勤務体系や給与体系のもとでは、人件費比率が高い現業部門はまず外部に委託する。さらに事務事業評価で自己評価を行いながら改善・改革の方向を検討し、民間でできる仕事は民間に任せるという原則を踏まえて、事業全体の効率化と経費削減への模索を行った帰結として試行された制度である。これは、公の施設の運営管理について民間事業者に委託する指定管理者制度を全事業へ適用する可能性を模索する第一歩として、位置づけられるであろう。

そこには、ややもすると「しがらみ」に縛られる傾向の強い役所の内部検討による改善策の限界を超えて、民間事業者からの事業改善の発

想・提案によって「壁」を打ち破るという期待が表れている。提案制度がボトムアップではなく、首長の主導で展開している理由もここにある。改善・改革に取り組む時に、役所内部のそれぞれの事業担当者は、圧倒的な量と質の情報を持っていることで、既存の枠組にしばられて、全事業を対象にして民間からの自由な提案を受け付けるという作業を始めない限り、思い切った改革への方向を示すことができないという課題意識もあったと考えられる。

　この提案制度の実施を首長が指示することで、少なくとも、提案制度の検討・実施担当部署だけでも、役所の業務の「正当性」を守備的に主張するのではなく、民間事業者の自由な発想による改善・改革を受け入れるという積極的な姿勢を示さざるを得なくなったことは確実である。提案制度の目的と意義を主張し、制度設計と提案事業の対象となる部署に対して悩みを共有しつつも積極的に実施する方向で、ともに検討したことは画期的なことであった。

　杉並区でのモデル事業の選定に応募したある民間事業者が、「（役所が）とにかく私たちの提案を積極的に聞いてくれるという姿勢を示してくれたので、何らかの協働事業が成り立つ可能性を期待して一生懸命に考えて応募した」というコメントを表明したことに、提案制度が役所の姿勢をPRする意味で、大きなアナウンス効果があったことが示されている。

　それと同時に、役所内部へのインパクトが大きかったことも事実である。現業部門は民間事業者による同様の事業が実施されているケースが多く、その大部分が「民間委託の方が効率的でコストも低い」と言われているのであるから、常に、「民間への委託」という課題に直面している。しかし、いわゆるホワイトカラー部門においては、自分たちの仕事は、行政機関として責任をもって取り組むべきものであり、事業採算性とは全く無縁の「住民の福祉向上」のための仕事であるので、民間事業者が担う性格のものではない、という認識を持っているのが大部分の事業担当者の意識である。

そして、法令によって業務内容が決められていたり、税金という公的資金を使う以上は、複雑な手続きが必要である側面があったりもするので、全ての事業において民間事業者の視点から効率化に向けての提案を募集すると言っても、懐疑的に受け止められるのは当然である。守備的に構えるのも無理はなかった。現実に、提案を受けた部署の大半は、提案としては効果が認められるものの、民間事業者への委託に関しては、「課題も多く、十分な検討を行うべき課題がある」という回答であった。

　しかしながら、提案制度は首長の主導で行われたケースが多いので、提案制度の担当部署としては、「ゼロ回答」という結論は何が何でも避けなければならず、いくつかの提案採択とその実施に関しては、「成果」を出すために、庁内での事業担当部署と粘り強い議論を展開することになったのである。たとえ、民間事業者への事業委託が成立しなくとも（そのケースの方が現時点では圧倒的に多いのであるが）、提案のあった事業委託ができない理由を述べなくてはならないのは行政側であるから、自分の業務を客観的に捉え直す機会となることは確実である。このように、改革するにしても、そのまま継続するにしても、「挙証責任」が生じることになるインパクトは実に大きいと言える。

■■提案制度の限界と克服への手法

　提案制度を考えたのは、首長の主導とはいっても、自治体の側であった。したがって、民間事業者にとっては提案する主体ではあっても、制度そのものを必要に迫られて提案したのではなく、自治体から突然に、「どの事業でもよいので、現状を改善・改革する提案を募集します」と言われたことになる。そもそもの提案制度の理念や方向性を十分に理解した上で、さらに、自治体の業務（事業）を詳細に検討して提案を行う時間的余裕もなかったことから、当然のこととして、自分たちの「業務拡大」につながる提案を行うことになる。したがって、提案のうちいくつかには、自分の企業の製品売り込みや、自分たちで取り組むことができる領域での新規事業に関するものがあったのも自然な流れである。

また、公表された「事務事業評価」などをみて、その事業の内容や手法・手続きを的確に判断し、改善や改革の方向を打ち出すことは、非常に難しいことも指摘できる。自治体の業務に精通しているのは、当然ながら自治体職員であり、この職員が提案を行うこともできるが、庁内の提案制度で応募して業務改善・改革に成功している事例はほとんどない。それは、「他人の仕事に口を出す」ことの難しさである。他の部署の改善や改革を提案するということは、現実に実施されている業務を否定、ないしは批判することにもなるので、トップダウンによる指示や全庁一斉に行う手法でなければなかなか実現しない（横浜市役所の提案制度である「アントレプレナーシップ事業」での成功例と言われる広告事業や風力発電事業にしても、新規事業として実施したので、比較的順調に業務が進捗したと言える）。

　自治体業務を「外から」みている民間事業者にとっては、自治体の業務は意思決定が遅く、コストが掛かりすぎで、サービス水準も低いと感じるのは自然であり、自分たちのノウハウを活用すれば、改善も改革も簡単に進むと考えて提案した事例も多くあった。一方で、数百とも言われる法律の規定による縛りのある業務、公的資金（税金）を扱うという何段階もの意思決定を必要とする「慎重さ」、「ゆりかごから墓場まで」の幅広い業務を扱っていることによる「縦割りの壁」、議会との関係など、「外から」みると非常に複雑なシステムを解きほぐして、効果的・効率的な業務改善提案を行うことは、至難の業である。

　このような状況に対して、提案制度を実施した自治体が共通に重視したのは、民間事業者との「対話」である。

　いきなり提案をする前に、その業務関連部署との面談の機会を設定し、一定の意見交換をした後に、提案にまとめるという「手続き」をとったのである。もちろん、この「対話」を設定したのは、提案制度の担当部署であり、提案を受ける部署が積極的な姿勢で対話を行ったことは非常に少なかった。したがって、現時点では、「対話」の形式はとったものの、実質的に業務を民間事業者に委ねる方向で、お互いの知恵と経

験を交流させている事例はまだ少ない段階と言える。

■継続して検討という「積み残し」が多い

　提案制度を実施した自治体の共通の悩みは、「検討継続」となった案件である。提案を受けて、審査をして採択をしたものの、すぐに民間事業者に業務委託ができる案件が非常に少ないという実態がその背景にある。

　筆者の関わった杉並区の事例の中で、採択と実施の狭間で悩んだ事例が、資金回収専門事業者から提案のあった「奨学資金と母子福祉資金にかかる未償還者に対する架電、文書・訪問督促業務」であった。これは、生活困窮者に対する資金の貸し付けであるが、税金などのように強制徴収の手段を持たない福祉的な資金貸し付けであることから、返済が滞る事例も多いのだが、一方で督促業務も十分に行われずに、債務者の住所移転による回収困難も含めて、回収率が数十年にわたり低下し続けているという事業であった。担当者も、福祉的貸し付けであることから、強い態度で回収を行うことには心理的な抵抗もあり、ジレンマに悩む日々を送っていたので、民間の資金回収専門事業者からの提案には積極的に検討を行った事例であった。

　審査の段階では非常にスムースに話が進んだのであるが、委託の実施の段階で、資金回収目標設定やそのための方法など、民間事業者に委託する以上は、業務内容と目標を明確にせざるを得ないのが通例である。ところが、その目標設定作業は初めてのことであったので、そもそもの事業目的から、これまでの経緯に遡って検討しなければならないという事態に直面したのである。直営で職員配置をして業務を行っている時には、明確な目標設定とその手順が示されていなくとも、貸し付け業務が滞りなく実施され、そこそこの回収があれば、事業実施としては問題が生じなかった。これが、事業者からの提案によって、回収実績を上げるための方策が示されて初めて、本来の事業目的とその実施状況、改善の目標設定とその手法・コストの検討が始まったということである。

これまでの実施状況を振り返れば、確かに事業目的を明確にして、目標設定とそのマネジメントができていなかったということになるが、特に、福祉分野においては、そもそも業務の目標設定と言うよりも、迫り来る福祉需要にどのように対応するかを考えるだけで精一杯であったことも事実である。

　事業内容が分かりやすく、簡単に民間事業者への業務移管が進むと判断された提案でも、以上のような、そもそもの事業目的や目標設定、評価という基本的なマネジメントの課題に突き当たることになった。この事例一つをとってみても、やや込み入った提案で採択に至ったとしても、具体的な進め方を検討する段階になって、膨大な調整事項が浮上することは自然な流れであろう。結果として、どの自治体も「検討継続」の案件が増えることになっている。

　問題は、この検討を誰がどのように進めるのかという点になる。結局は提案制度の担当部署が事業担当部署と民間事業者との間に立って調整を進めることになるが、提案制度を積み重ねる毎に案件が増えていくので、人的にも対応するのは非常に厳しくなることが予想される。事業担当部署は、検討が行われている時でも、当然のことながら業務を遂行する必要があるので、十分な検討時間がとれない。一方で、提案した民間事業者も、実を結ぶかどうか分からない状況に対して、検討の時間コストを割くにも限界がある。提案事業担当、事業実施担当、提案事業者の三者が、いずれも善意をもって検討しても限界があれば、やがて「時間切れ」になる危険性もある。

■一定の軌道修正が必要な提案制度

　平成18年度にスタートした提案制度は、自治体の事務事業にとって、その目的の明確化、目標の設定とその達成に向けての事業手法、コスト管理、民間事業者への委託を検討する場合の仕様書作成、事業者選定、モニタリングなど、多くの課題を提起することになった。しかし、課題が大きいからといって、提案制度を否定する必要はない。佐賀県庁の例

でみられるように、自治体内部で民間事業者に委ねても構わないと判断される業務は非常に少なく、民間からの提案制度がなければ、改善や改革が遅々として進まないことになる。

検討しなければならないのは、提案制度の精神を最大限に活かした上で、効果的な制度に再構成することであろう。

基本となるのは、民間事業者と自治体の事業担当者、提案制度の担当部署がじっくりと対話を重ねることである。また、自治体業務に詳しい第三者（評価委員）を調整者として委嘱し、提案を事業委託にまでまとめることも必要になる可能性がある。

提案受付も年度の区分に縛られることなく、周知徹底の効果を考えて節目の期日を設定しつつも、随時、提案を受け付ける体制を整備し、半年程度の間に結論を出すという作業が必要になるであろう。当初はアナウンス効果も含めて効果的だった全庁対象の一斉提案受付は、一巡した後は、戦略的重点主義に転換する必要性も考えなければならない。

検討作業でもっとも重要なのは、提案の対象となった事業担当部署の対応姿勢である。端的に表現すれば、府省庁や自治体という行政組織は、資源配分と所得再配分を縦割り組織における事業として実現する役割を持つ。したがって、自分たちの部署のミッションを最大限に考え、予算を要求し、事業実施を行うので、その事業と関連分野に関する情報量は、他の部署や組織外の人間を圧倒する。この圧倒的な情報量を守備的に使えば、改善・改革をしない、あるいはできない理由はいくらでも挙げることができる。一方で、積極的な姿勢を持てば、改善・改革を実行するためのかなりの創意工夫を行うことができる。

ここで、事業担当部署の職員がどちらの方向を向くのかが、問われることになる。事業担当部署が積極的に検討を行うためには、自己責任の原則を明確にすると同時に、その責任を果たすことができるモニタリングのマニュアルが必要になることは確実である。特に、評価指標の設定に向けた制度開発が必要である。

このような、制度的な保障ができれば、自治体の場合には、事業担当

部署をどちらに向かせるのかどうかは、予算と人事に権限を持つ首長の役割になる。

　首長主導で始まった提案制度は、モニタリングの手法開発の作業を経て、やはり首長の責任で自治体の業務改革の強力な「武器」になるのかどうかが問われている。制度設計にもう少し時間がかかるというのが、提案制度の現段階ではないだろうか。

3 行政改革手法の主流となる指定管理者制度

■指定管理者制度と提案制度の活用とその発展の可能性

「提案制度」によって、民間事業者や市民からの提案を受けながら、十分にその活力が活かせないことの背景にあるのは、資金調達でも、きめ細かなサービス提供でも、組織や事業の運営・経営でも、民間部門のノウハウが優れている時代になっているにもかかわらず、旧態依然の役所流の財務・事業運営が続けられている実態である。

厚い身分保障のもとで、民間準拠の安定した給与収入が保障され、相互不干渉の縦割り組織の中で、「前例踏襲」の仕事を続けている状況に対して、改革への展望は相当に厳しいものがある。

揶揄した表現が許されるのであれば、「公権力によって税収を確保し、『公共の福祉』のために『職務に専念している』ので、担当している分野の仕事に関する情報は質量ともに、外部の人間の情報を凌駕する。したがって、自分たちの仕事の必要性と正当性に対する説明は『完璧』となって、自分とその同僚、さらには前任者や後任者を含めて、改革ができない理由はいくらでも用意できる」、と言うことができる。

もちろん、地域住民の生活に密着した自治体の仕事は、簡単に右から左に変えるわけにはいかないし、受益者である住民の多くは、それを望まないことも確かである。

しかし、現在の自治体運営を続けていけば、財政破綻へ確実に近づくことになる。財政破綻となれば、地域社会の維持のために最低限必要な医療、福祉、教育に大きなダメージが確実に起こる。

いかに限られた財源の中で効率的なサービス提供を続けるのか、半ば雇用確保策となってきた公共事業費とまちづくりとの調和をどのようにとるのか、税収と雇用の確保を進める政策のあり方はないのか、次代を担う子どもが育つ環境を整え、質の高い教育をどのように保障するのか、住民の情報が集まる役所において個人情報保護を確実にするにはどのような管理体制が必要か、地域住民と協働で進める防災対策のあり方、というような政策・マネジメントの課題を広い視野に立って考えることが、公務員にもっとも求められている機能ではないかと考える。

　公共施設に指定管理者制度が導入されたのは、目的が明確なはずであった公の施設の管理運営が、行政機関の直営ないしは、「外郭団体」で行うことの限界が明らかになったからであった。民間の感覚によって縦割りの壁を打ち破る改善・改革提案を受け入れることが必要であり、公の施設の場合には、施設という限定された「場」において、利用者の満足度を効率的な運営で高めるために、指定管理者制度が機能するという方向が明確になったことにほかならない。指定管理者や提案制度を受け入れることで、従来は個別自治体の一部門であった個別サービスの提供が、広域的なサービス展開となる可能性が広がり、効率的なサービス提供体制の整備、サービスを担うプロフェッショナル職員の養成に結びつく可能性もある。特に、小規模自治体においては、少数の職員が多数の業務に従事せざるを得ない実態があり、どうしても、最低限の事務作業をこなすのが精一杯の状況にある。市町村の合併も一つの方策であるが、個別分野のサービス提供を業務委託などの方法を活用して「合同・協同」で実施するのは、現実的な選択でもある。

　財政破綻が現実のものになりつつある今だから、アウトソーシングの概念を実質化し、政策・マネジメントのプロフェッショナルとしての公務員の自覚と能力を高め、現実のサービス提供はできるだけ民間事業者の力を導入するという基本的な方向を確認する必要がある。

　特に、指定管理者制度は、公の施設、いわゆる「ハコもの」を対象とするので、その利活用のイメージ、管理運営の形態が、役所だけでなく

地域住民にも分かりやすく説明できる点で、アウトソーシングの主要なモデルとなっている。「市場化テスト」という官民競争の観点からみても、指定管理者制度はすでに、その施設の部分的な管理運営の業務委託の範囲を超えて、包括的な施設の管理運営（利用料金の徴収等も含む）を任せる事業者を「指定する」ので、その基本的モデルとなっている。

　次章以降、この指定管理者制度成立背景や活用可能性に関して、具体的に検討する。

第2章 指定管理者制度におけるモニタリング

1 アウトソーシングにおけるミッション、契約、評価

■■アウトソーシングの主流となった指定管理者制度

　成熟化、高齢化、国際化、高度化、多様化など、これからの日本社会では官民ともに、従来の経営モデルが通用しなくなってきている。その中で、「生き残り」を賭ける民間は、資金調達においても、サービス提供においても、時代の変化に対応するための必死の努力を行ってきた。行政は、一定の危機意識が芽生えつつも、また、OECD諸国の中でもっとも財政運営が厳しい状況の国の一つに追い込まれつつも、既得権益のしがらみを突破して「次世代型」の経営に転換することができていないというのが、国民からみた実感であろう。

　第1章で述べたように、それでも、厳しい財政難の中で、経費削減に取り組んできた。特に、自治体においては人件費と行政運営費の削減の手法として、「アウトソーシング」を進めてきた。

　そのアウトソーシングにおけるさまざまな手法の中で、もっとも注目されているのが、指定管理者制度である。

　それは、公共施設の管理運営に限定はされているものの、一般的にイメージできる地区センター（コミュニティセンターなど）、スポーツ施設、公民館、公会堂というような日常的に地域住民が利用する施設に限定されずに、博物館や美術館、図書館というような専門施設、さらには、保育所、病院など医療や福祉関連の施設にまで適用されるようになったことで、広く住民に意識されるアウトソーシングの手法となってきたことが、第一に挙げられる。

指定管理者制度は、地方自治法の改正によって制度化されたことで、法的な裏付けのある制度となり、また、議会の議決によって指定が行われ、指定管理者の指定、予算など、管理運営に関する基本的な情報は広く公開されることが原則となったことで、地域住民の関心が寄せられる可能性が高まった。さらに、指定管理期間が設定されていることで、一般的には3年、5年という期間を区切って、その管理運営が評価されることになる。その評価手法に関しては適切で効率的に、さらには満足度の高い運営に向けて、評価項目やパフォーマンス指標などが客観的に評価されるような手法の開発が進む可能性が広がったことは、従来のアウトソーシング手法とは違った展開をみせている。したがって、これまでの行政運営の質の向上と、情報公開性が大きくステップアップしていくことが予想できる手法が動き始めたとも言える。

▓指定管理者制度の背景

指定管理者制度が成立した背景を追ってみると、公共セクターの財源不足が恒常的となり、経費削減の必要性から、自治体行政の大きな部分をしめる公の施設管理の効率化を進めざるを得なくなったことが、まず指摘できる。また、消費者ニーズの成熟化とサービス経済化の拡大で、コンサートホールやスポーツジムなど、民間事業者によるさまざまな文化施設でのサービスが行われて、サービスノウハウの蓄積が進んだことも背景となっている。自治体における厳しい財務状況と民間のサービスノウハウの蓄積が行われてきたことに対応し、公の施設管理に一定の競争原理を導入する必要性が一般に認識されてきたことが、指定管理者制度の導入という法改正への流れであることは明確である。

公の施設管理に関する地方自治法の改正経緯は以下に示すが、この経緯をみると、昭和38（1963）年から平成3（1991）年までの約30年間は変化がなく、平成3年の改正から平成15（2003）年までの12年間で指定管理者制度という、公の施設に関する管理運営に画期的な変化が生じたことになる。この間の、時代の変化というものを思い浮かべながら振り

返ると、何度も指摘しているように、指定管理者制度が元の行政機関の直営を基本とした体制に戻ることは決してないことが明確になる。

① 昭和38年の地方自治法改正「地方自治法の一部を改正する法律（昭和38年法律第99号）」による「公の施設」に関する制度の創設（営造物から「公の施設」を切り出し）
   ＊「公の施設」の管理委託に関する規定（公共団体・公共的団体のみ）
   ＊「公の施設」の区域外設置に関する規定
   ＊「公の施設」の利用権に関する処分についての不服申立てに関する規定

② 平成3年の地方自治法改正「地方自治法の一部を改正する法律（平成3年法律第24号）」による「公の施設」の管理受託者の範囲を拡大
   ＊「公の施設」の管理受託者として、①土地改良区などの公共団体、②農協、生協、自治体などの社会公共的な組織・活動目的の公共的団体に加えて、③地方公共団体の一定の出資法人を追加（1/2以上の出資法人、1/4以上の出資法人のうち1/2以上の役員の派遣法人又は自治大臣の指定法人）
   ＊「利用料金制」の導入

③ 平成9年の地方自治法施行規則改正「地方自治法施行規則の一部を改正する省令（平成9年自治省令第39号）」によって、
   ＊「公の施設」の管理受託者のうち自治大臣の指定法人を廃止
   ＊その代わりとして、主要な役員派遣かつ当該法人の管理運営に係る事務に従事する主要な職員派遣法人等を追加

④ 平成15年の地方自治法改正「地方自治法の一部を改正する法律

（平成15年法律第81号）」による指定管理者制度の創設
　　＊公の施設の管理についてその適正かつ効率的な運営を図ることを目的として指定管理者制度を導入。
　　＊指定管理者制度の導入に伴い、管理委託を行っている公の施設については、この法律の施行後３年以内に当該公の施設の管理に関する条例を改正する。

指定管理者制度に関連した参考規定等

> 参考１：「公共的団体等」とは、その市町村の区域内にある、農業協同組合、森林組合その他の協同組合、商工会、商工会議所等の産業経済団体、青年団、婦人会等の文化事業団等の公共的活動を営むすべての団体を含み、法人たると否とを問わず、地方自治法第一五七条の公共的団体とその範囲を同じくするものである。
>
> 【公共的団体等の指揮監督】
> 第一五七条　普通地方公共団体の長は、当該普通地方公共団体の区域内の公共的団体等の活動の綜合調整を図るため、これを指揮監督することができる。
>
> 参考２：地方自治法関係条文
>
> 　　第十章　公の施設
> （公の施設）
> 第二百四十四条　普通地方公共団体は、住民の福祉を増進する目的をもってその利用に供するための施設（これを公の施設という。）を設けるものとする。
> ２　普通地方公共団体（次条第三項に規定する指定管理者を含む。次項において同じ。）は、正当な理由がない限り、住民が公の施設を利用することを拒んではならない。
> ３　普通地方公共団体は、住民が公の施設を利用することについて、不当な差別的取扱いをしてはならない。

（公の施設の設置、管理及び廃止）
第二百四十四条の二　普通地方公共団体は、法律又はこれに基づく政令に特別の定めがあるものを除くほか、公の施設の設置及びその管理に関する事項は、条例でこれを定めなければならない。
2　普通地方公共団体は、条例で定める重要な公の施設のうち条例で定める特に重要なものについて、これを廃止し、又は条例で定める長期かつ独占的な利用をさせようとするときは、議会において出席議員の三分の二以上の者の同意を得なければならない。
3　普通地方公共団体は、公の施設の設置の目的を効果的に達成するため必要があると認めるときは、条例の定めるところにより、法人その他の団体であつて当該普通地方公共団体が指定するもの（以下本条及び第二百四十四条の四において「指定管理者」という。）に、当該公の施設の管理を行わせることができる。
4　前項の条例には、指定管理者の指定の手続、指定管理者が行う管理の基準及び業務の範囲その他必要な事項を定めるものとする。
5　指定管理者の指定は、期間を定めて行うものとする。
6　普通地方公共団体は、指定管理者の指定をしようとするときは、あらかじめ、当該普通地方公共団体の議会の議決を経なければならない。
7　指定管理者は、毎年度終了後、その管理する公の施設の管理の業務に関し事業報告書を作成し、当該公の施設を設置する普通地方公共団体に提出しなければならない。
8　普通地方公共団体は、適当と認めるときは、指定管理者にその管理する公の施設の利用に係る料金（次項において「利用料金」という。）を当該指定管理者の収入として収受させることができる。
9　前項の場合における利用料金は、公益上必要があると認める場合を除くほか、条例の定めるところにより、指定管理者が定めるものとする。この場合において、指定管理者は、あらかじめ当該利用料金について当該普通地方公共団体の承認を受けなければならない。
10　普通地方公共団体の長又は委員会は、指定管理者の管理する公の施設の管理の適正を期するため、指定管理者に対して、当該管理の業務又は経理の状況に関し報告を求め、実地について調査し、又は必要な指示をすることができる。

11　普通地方公共団体は、指定管理者が前項の指示に従わないときその他当該指定管理者による管理を継続することが適当でないと認めるときは、その指定を取り消し、又は期間を定めて管理の業務の全部又は一部の停止を命ずることができる。

　　附　則（平成一五年六月一三日法律第八一号）（抄）
（施行期日）
第一条　この法律は、公布の日から起算して三月を超えない範囲内において政令で定める日〔平一五・九・二〕から施行する。
（経過措置）
第二条　この法律の施行の際現に改正前の地方自治法第二百四十四条の二第三項の規定に基づき管理を委託している公の施設については、この法律の施行の日から起算して三年を経過する日（その日前に改正後の地方自治法第二百四十四条の二第三項の規定に基づき当該公の施設の管理に係る指定をした場合には、当該指定の日）までの間は、なお従前の例による。

参考3：「公の施設」の定義
　① 住民の利用に供するためのもの
　　　試験研究機関や庁舎などは「公の施設」ではない
　② 当該地方公共団体の住民の利用に供するためのもの
　　　当該地方公共団体の住民が利用できないような物品陳列所などは「公の施設」ではない
　③ 住民の福祉を増進する目的をもって設けるもの
　　　競輪場、留置場などは「公の施設」ではない
　④ 地方公共団体が設けるもの
　⑤ 施設であること
　　　物的施設を中心とする概念であり、人的手段は必ずしもその要素ではない

　このような地方自治法の改正の流れをみると、指定管理者制度は、「官から民へ」の時代の変化（資金調達やサービス水準での民間優位、

行政運営への民間手法の導入が基本であるが、企業の社会的責任や社会貢献が注目されてきたという、「官民の接近」という側面もある）を反映させた制度変革であることが分かる。

　制度創設から数年を経た段階なので、多くの問題点や課題を持っていることは確かであるが、その問題点を指摘することで「行政機関の直営が基本で適切」と主張しても無意味であろう。指定管理者制度以前の公の施設における管理運営は、「直営」を基本としながら、その亜流としての公的団体、あるいは一定の出資団体という制限があったことを考えれば、指定管理者制度は議会での議決を前提に、管理運営主体に関する制限を撤廃したという制度改革であり、実質的に「市場化テスト」の方向に舵を切ったのであるから、この制度が廃止になって以前の状態に戻ることはないのは、時代の流れからみても確実である。したがって、この制度を前提に、どのように対応するのか、どのように制度を改善し、進化させていくのかという発想が必要となっている。

■指定管理者制度によって問われる課題

　指定管理者制度の導入によって問われるのは、基本的には公共施設の管理運営に関しての「官から民への流れ」の加速化である。総務省の「通知」（平成15年7月17日総行行第87号、自治行政局長名）によっても、「多様化する住民ニーズにより効果的、効率的に対応するため、公の施設の管理に民間の能力を活用しつつ、住民サービスの向上を図るとともに、経費の節減等を図ることを目的とするものであ」るとされている。

　時代の変化、地域住民の要求の多様化によるフレキシブルな施設運営、財源難、NPOの台頭、協働概念の浸透を考えれば、仮に、管理運営を行政の直営で行うにしても、担当する職員は公務員のみということはなくなっているのが明確な方向性でもあり、現実に嘱託職員の配置やボランティアの導入が進んでいる。「直営」と言っても、職員の大半が公務員ではなくて、民間職員であるという実態となる（法的な位置づけでは、嘱託職員は「非常勤特別職公務員」という呼称になることもある

が、実態的には「公務員」と言うよりは、厚い身分保障も「年序列」型の給与体系もないのであるから「非公務員」である）。

そして、「民間化」が進むことによって、これまでは注目されることが少なかった課題に直面することになる。それは、

①　公共施設のミッション（設置目的・使命）の明確化
②　指定管理者の選考と「指定」（契約）
③　ミッションに基づく評価手法（評価項目と評価方法、判断基準）

の３点に代表される。

公共施設におけるミッションの明確化

指定管理者制度の導入を検討する過程では、もっとも重要な検討事項が、当該施設のミッション（使命）となる。特に、都市部にあっては、各種の施設運営管理に関してノウハウを持った民間事業者や自分たちの地域施設を活用したい市民で組織されるNPOなどが応募してくるので、ミッションと経費との関係について明確な説明が求められる。どのような住民ニーズに応えるのか、現行のサービスは当初の目的に沿っているのか、また、住民ニーズに的確に応えているのかどうか、住民ニーズに応える最高のサービス水準とは何か、経費や規則という制約があればその範囲内でどのようなサービスを目指すのか、規則は改正することはできるのか、足りない経費は何らかの方法で調達することは可能なのか、利用料金の徴収ができる場合にはその金額をどの程度にするのか、利用料金収入がサービスの向上に結びつくことを目的とした場合はその説明責任は果たせるのかなど、これまでは、十分に検討されないで、前例踏襲や予算や組織の制約の範囲内で粛々と繰り返されてきた運営手法を、根本から見直さなければならないことになる。

地方自治法の改正の附則には、３年の猶予しかなかったので、どの自治体もミッションの明確化とそれに伴う管理運営の仕様書作成方法、指定管理者を公募する際の（選定方式も含めた）ノウハウの不足、既存の管理運営団体の雇用問題など、多くの課題の解決に向けてのはっきりと

したビジョンを持てなかったために、十分な検討作業を経た指定管理者制度の導入に踏み込めた事例は少なかった。

しかし、ほとんどの指定期間が３年から５年なので、次の指定管理者選定の際には、問い直されるのは確実である。指定管理者制度以前は、直営にしても「外郭団体」への委託にしても、毎年継続されることが前提であり、緊張感に欠けていたことは事実である。指定管理者の管理運営になることで、一定期間における運営の「ミッション」と、その成果を評価しなければならなくなる。評価の前提としての「ミッション」が明確に設定される可能性が大きくなり、現行の「抽象的で簡潔」なミッションを見直すことに結びつく場合も出てくる。

具体的事例でみると、指定管理者制度導入による東京都千代田区立図書館の運営が注目されている。公共図書館の運営の指定管理者への移行は相当数の事例があるが、千代田区立図書館の事例は、夜間人口４万に比して、昼間人口85万と言われるほどの「業務地区」で、国会図書館の専門家を館長に、コンシェルジュデスクサービス、夜10時までの開館、ビジネス関連資料やレファレンスの充実、斬新な館内デザインなどで、一般的な公共図書館に比較して特色が際だっている点で、全国の注目を集めている。

多くの公共図書館が、業務の一部あるいは全部の民間委託を行っていたり、指定管理者制度を導入している。マスコミ報道をみても、指定管理者制度によって、サービスの向上と経費削減効果が生まれるといった表現と同時に、無料原則の公共図書館の運営は民間企業にはなじまないという批判も目立ち、一部の自治体では、指定管理者制度の導入を先送りする事例もみられる。「子どもたちへのお話し会など、地域住民と協働で行ってきたプログラムは、営利目的の民間企業では不可能」というような感情的な反発があるのを聞くと、公共図書館運営については、官民の対立図式をあおるという以前に、まず、どのような理念に基づく機能が必要なのかという議論が圧倒的に足りないことが分かる。図書館関係者は、常に議論と実践を重ねているのかもしれないが、利用者である

一般市民からは、無料貸本屋や無料学習室というような機能から研究支援機能まで、個人的体験やイメージのみで機能を考え、「地域における税金で運営されている」総合情報サービス機能というコンセンサスは得られていないのが実情ではないだろうか。

　千代田区立図書館の指定管理者制度導入の画期的なところは、斬新な施設やコンシェルジュデスクを設置した利用者サービスの拡充だけではない。感心したのは、ウェブサイトを開くと、ホームページに「ミッションステートメント」として千代田区立図書館宣言が明記されていることであった。

　「千代田区立図書館は、教育・文化・社会生活の発展に向けて、基本的人権としての知る自由を保障するため、千代田区民及び昼間区民への基本的な行政サービスとして、図書館サービスを提供することを任務とします。

　そのため、区内の大学、書店、古書店、文化施設等関連機関とも連携し、図書館サービスの充実に不断に努めます。

　その基盤となる理念として、『図書館の自由に関する宣言』（日本図書館協会1979年総会議決）に定める、資料の収集と提供の自由、個人情報の保護等を尊重し、実践します。

　　　　　　　　　　　　　　　　　　　　　　千代田区立図書館
　　　　　　　　　　　　　　　　　　　　　　平成19年5月7日」

　さらに、「日経新聞」（2006年10月30日夕刊）の記事によれば、千代田区立図書館のサービスの充実に触れるとともに、館長が、「熱意ある司書がどんなにがんばっても今の図書館制度の中では、限界がある。専門家を育成できないシステムになってしまったからだ。経営能力も備えた専門家を育て、市町村の枠を超えて人材が動けるような仕組みを作る必要がある。」「ユニークなアイデアが出てくれば、コストが高くなっても構わない。」というコメントを述べているのが紹介されている。

経費削減とサービスの向上という「役所用語」ではなく、図書館の専門家の育成システム、「図書館の自由に関する宣言」の実践、サービスの充実を優先するという姿勢は、専門家としての理念や使命を明確にしている点で画期的である。これまでの概念に対する挑戦の意思を込めたミッションステートメントが求められる。そして、それくらいの意気込みがないと、表面的な経費削減の手段になってしまい、本来のサービスが質量ともに落ち、その施設の存在意味を失ってしまう危険性も大きい。

　千代田区立図書館のミッションステートメント導入への努力を聞くと、地域特性を分析し、必要な理念形成を含めた施設運営のコンセプトに関する議論によって、ミッションステートメントの検討が理念的な理想論に陥ることなく、リアルな現状分析と達成可能な使命を明確にし、単なる「コスト削減」の議論を退けて、利用者にとってもっとも「価値」を実現する管理運営手法の検討が始まることが分かる。

　ミッションステートメントに至る議論の方向は、「無料貸本屋」的イメージを払拭し、我が国の新しい公共図書館のあり方の一つを示そうという「意気込み」であった。

■■指定管理者の選考と「指定」（契約）

　アウトソーシングの対象については、かつては末端の細部事務、例えば庁舎清掃や管理などに限り委託可能とされてきたが、指定管理者制度によってその幅は大きく広がってきている。時代の変化を前提とすれば、指定管理者制度の導入によって、公共施設管理に関しては、自治体（公務員）が行わなければならないという事務（業務）の方が少ないという認識が拡がりつつあると言っても過言ではない。

　注目すべき点は、指定管理者制度は、管理者の指定という「行政処分」によって、企業やNPOなどの民間事業者などに管理権限を授権するものという法的な性格を持っていることである。従前の契約に基づく単純な管理委託と異なり、指定管理者は、一部の「公権力を行使」できるが、その根拠となっているのは地方議会による民主的コントロールが働いて

いるためである。

　そのために、自治体は「管理者指定の手続き」（申請の方法、選定の基準など）、「管理の基準」（利用に当たっての基本的な条件など業務運営の基本的事項）及び「業務の範囲」（指定管理者の行う管理の業務について、使用の許可まで含めるかどうかを含め、施設の維持管理などの具体的範囲の設定）などを条例で定めなければならない。このような議会のコントロールを受けることになっており（244条の2第4号、細目は契約による）、さらに、指定管理者の指定は、期間を定めて、あらかじめ議会の議決を経なければならないとされているので（244条の2第5号・第6号）、地域住民の漠然とした「民間委託」への不安は、住民の代表である議会の議決事項ということで緩和される。しかしながら、一方で指定管理者制度の導入は、次に挙げるようなさまざまな局面で、自治体に難しい問題を突き付けている。

　法改正の時に「附則」によって、従来の管理委託契約に基づき、外郭団体等が管理している施設については、経過措置期間である法施行後3年以内には、指定管理者制制度に移行するか、直営に戻すかの選択をすることとなった。

　このために、施設管理を業務の中心に置いている外郭団体にとっては、団体の存続問題に直結する。特に雇用している職員の処遇は大きな問題となり、何とか指定管理者として業務を続けることが必要という姿勢になったことは、否めない事実である。

　指定管理者制度への移行については、既存の外郭団体が「高度の専門性」に関して十分な根拠を示して、公募選定を行わない程度の優位性が認められるケースを除くと、引き続き管理者の指定を受けるためには、議会や市民に対して大変苦しい説明を行いながらも、指定管理者の公募を行わないで指定を受ける手続きを経ることになる。しかし、専門性などの優位性を説明するのは容易なことではないので、多くは公募選定を選択せざるを得ないことが多くなり、公募期間が短く設定されたり、業務内容とマニュアルに曖昧な表現があったり、必要なコスト情報がな

く、実質的に、既存の外郭団体が優位になるような「公募条件」が「第一巡目の指定」の時に、設定されたりしたことも事実である。

　さらに、指定管理者制度は、指定に当たり、あらかじめ議会の議決を経て基本的事項を条例化する必要があることから、単純に業務委託を行う場合に比較して、事務手続きはもちろんのこと、特に幹部職員にとっては、対議会への説明という精神的な負担が増えることになる。もちろん、地方議会による民主的コントロールを貫徹するためには必要な手続きであり、このような手続きを経ることで、住民の代表である議会での決定という「錦の御旗」を獲得できることになる。

　もっとも、指定管理者制度は、個別の施設の管理運営について、個別に議会の議決を必要とすることになるので、毎年の施設管理の実績や市民の評価を検討しながら、施設管理者の変更を随時柔軟に行いたい場合などは、この制度は利用しにくい。

　したがって、「施設」の管理運営を指定管理者制度によって、管理者を指定する方法とは別に、指定管理者制度以前に用いられていた、「管理運営業務」の委託を行うという方法をとることもできる。ただし、管理運営業務の委託は、あくまでも「業務の委託」であって、指定管理者のように、施設使用許可や利用料の徴収などの「行政処分」の権限が移転するわけではないので、包括的な施設管理運営を委託することはできないことに留意する必要がある（このような管理運営のアウトソーシングの手法の選択については、56ページ以下で紹介する横浜市における港湾病院の指定管理者制度による運営を参考にしていただきたい）。

　施設の使用目的（ミッション）と、それに相応しい管理運営形態の選択として、管理運営業務委託と指定管理者制度のどちらを適用するのかを選択することになる。

　しかしながら、この指定管理者制度と業務委託の区別が理解されていない例が多くあることには注意を要する。

　例えば、公共図書館の運営に関する研修の場で指定管理者制度の影響を説明した時に、次のような質問が寄せられたことがある。

＊　県立図書館への指定管理者制度の導入について次のような問題点等があり、県が中長期的に直接運営していくことが必要であると考えているが、指定管理者制度を導入せざるを得ない状況となった場合、このような問題に対して、どのように対応すべきか。
①　地方行政資料を含む郷土資料など各分野にわたる資料を、計画的かつ継続的に収集、整理・保存し、提供することが難しい。
②　市町村立図書館への資料の貸出しや、市町村立図書館職員の研修、巡回訪問指導など、県域全体の図書館サービスの維持・向上のための支援が難しい。
③　本県の未来を担う子どもたちの育成に資する子どもの読書推進に係る取組みを、計画的かつ継続的に進めることが難しい。
④　地域を支える情報拠点として、産業支援サービスなど地域の課題解決や地域の振興を支援するサービスについて、県の関係機関と一体となって取り組むことが難しい。

　以上の質問に対する回答の基本的な視点は、問題点として例示された公共図書館のサービスとしては基本的なものであり、公務員でなければ実施できないサービスと定義することはできない内容である、ということになる。したがって、指定にあたっての「協定書」に明記すれば、指定管理者はその業務（サービス）の履行義務を負うので問題とならない、となる。もし、民間事業者がそのようなサービスができないという懸念があれば、なぜできないのか、公務員でなければ確実に履行できないということを実証しなければならない。
　指定管理者制度は、対象となる施設の管理運営に関する全ての業務を履行する指定管理者を選考し、議会の議決をもって指定するのであるから、部分的業務として、狭義の管理運営（清掃や設備の保守管理、受付窓口の応対など）を委託することとは根本的に違っている。しかも、複数年にわたる指定管理期間を設定するのであるから継続性においても問題がない。さらに、業務・サービス内容をモニタリングし、履行状況が

不十分な時は指定を解除することができるのであるから、履行状況を常にチェックし、履行保障を確実にすることができる。

業務委託の場合には、委託する業務・サービス内容を一つ一つ個別に定義し、年度毎に契約を行い、履行を確認することになるので、サービスの継続性は担保されないことで、上記の質問事項にあるような問題が発生する可能性があることになる。

このように、業務委託方式と指定管理者制度は「似て非なるもの」であるから、当面は業務委託方式でコスト削減（特に人件費）を図りながら、より柔軟な管理運営・サービス提供を実現するための条件設定や受け皿となる民間事業者が現れたのちに指定管理者制度への移行を図るということも、現実的な対応となるだろう。

今後は、行政機関は直接にサービスを提供する主体としてではなく、サービス水準の設定と監査（モニタリング）機能を担当し、サービス提供は民間が行うことを原則とする方向が一般化すると考えられる。その際は、サービスの定義や履行条件、モニタリング手法についての行政機関（公務員）の専門性が鋭く問われることになる。

■最大の課題となるモニタリング

公の施設に関して、その設置目的・使命（ミッション）が明確に示され、その目的を実現するために、もっとも相応しい管理運営形態と管理者を選び決定することができれば、次に重要なのは、モニタリングとなる。

指定管理者制度におけるモニタリングは、指定管理者による公共サービスの履行に関し、条例、規則及び協定等に従い、適切かつ確実なサービスの提供が確保されているかを確認する手段であり、また、安定的、継続的にサービスを提供することが可能であるかを監視（測定・評価）し、確認内容等の公表を行うとともに、必要に応じ改善に向けた指導・助言を行い、管理運営の継続が適当でない等と認める時は指定の取消し等を行うことも含めた一連の仕組み、というように定義されている例が

多い。

　この定義から明らかなのは、モニタリングは指定管理者制度のみに適用されるものではなく、行政機関の直営、あるいは業務委託方式による管理運営にも適用されるべき仕組みであることだ。つまり、どのような運営管理形態をとろうとも、公の施設である以上は、設置した行政機関の責任は逃れられないことになる。

　しかしながら、行政機関の直営、あるいは「外郭団体」の管理運営の時には、それほどに注目されなかったモニタリングが、指定管理者制度によって、大きな注目を集めている実態は興味深い。自分の責任範囲で管理運営を行っている時には、苦情や事故が起こらない限りは、自己裁量の範囲で業務を捉える、いわゆる内部業務（自分で予算を要求し、配分された予算を定められた範囲内で執行する）という認識が一般的であった。しかし、その業務の全部又は一部を外部に委託（アウトソーシング）することになると、業務内容について、詳細なマニュアルを整備し、使用を明確にして事業者と契約し、その履行状況をモニタリングし、情報公開する必要が生じる。つまり、より高い「緊張感」のもとで「説明責任」が強調されるので、事業者選定と契約方式、モニタリングに対する関心が高くなり、注目されることになる。業務に関する緊張感が増すのは好ましいことであるが、一方でコスト面のみを考えると、詳細なマニュアルの作成やそれに基づく契約やモニタリングの業務が発生するので、アウトソーシングによって人件費を中心として表面的なコスト削減が実現しても、業務全体を総合的にみるとコストアップになる可能性もある。

　ここに、指定管理者制度をはじめとするアウトソーシングが単なるコスト削減を目的とするのではなく、施設や業務の目的に沿ったサービスの効率化と質の向上を第一の目的とする意味がある。一般的に指定管理者制度を進めようとする役所側も、それに反対し、公的な施設の運営、特に住民との協働による活動は営利企業にはなじまないと主張する側も、「安上がりの管理運営」という意識に縛られすぎているのではない

だろうか。

　表面的な人件費削減は可能であっても、アウトソーシングによって、公の施設のミッションやサービス水準が客観化され、その実現が情報公開のもとで緊張感をもって取り組まなければならないことに注目すれば、モニタリングの意義が鮮明になるのである。つまり、公の施設の存在意味と最大限の活用が、行政と議会、地域住民、管理運営事業者の三者にとっての大きな課題として注目されることになる。

　指定管理者制度に限らず、さまざまな業務の遂行に関して、それが適切に行われているかどうか、よりよい方向に改善が図られているかどうかに関心が寄せられるようになったのは、財政状況が厳しくなり、役所といえども、一定のコスト意識を持って、地方自治法に言う「最少のコストで最大の効果」を実現することが、説明責任としても重視されるようになった背景がある。このような流れの中で、現在は、役所の中で「PDCA（Plan Do Check Actionサイクル）」がさまざまな場面で強調されるようになってきた。

　ところが、このPDCAサイクルという用語が独り歩きをするようになると、それなりの形式主義に陥ることになる。

　業務の説明をする時に「PDCAサイクルによって説明責任を果たす」という表現が目立つようになっているが、その前提である「ミッション」をどのように設定したか、設定すべきなのかという議論が為されないケースがままある。

　この背景には、「行政評価」が定着してきたことが挙げられる。特に1990年代から行政サービスのコストパフォーマンスに対する関心が高まり、三重県での事務事業評価が全国的に普及したように、現在は、どの自治体においても行政評価を欠かすことはできない。そして、その行政評価のもっとも基本となるのがPDCAサイクルである。

　ところが、このPDCAサイクルはP（プラン）から出発するので、ややもするとその前提となるM（ミッション）が忘れられる傾向にあることに注意をする必要がある。これまでの行政評価ではさまざまな手法が

紹介され、試行されてきたが、その評価作業の費用と時間のコストに見合う十分な効果があったのかどうかは、簡単に結論が出せる段階ではない。しかし、指定管理者制度によって、公の施設に限定されつつも、そもそもの設置・運営目的（ミッション）を明確にしながら、モニタリングを含めてコストパフォーマンスを最大限に発揮することを目標にした、評価のあり方が注目され、議論される可能性が大きく広がってきたことは確実である。

　この章の最後（66ページ「3モニタリングの手法とコスト」参照）に、モニタリングのマニュアルとして、明確に理念を述べ、具体的な評価項目、行政と事業者の役割分担などにも触れている好例である「四日市市指定管理者モニタリングマニュアル」（平成19年3月、四日市市経営企画部行政経営課）の一部を紹介することとする（文章表現には若干の調整をさせていただいた）。

2 指定管理者制度の本格的適用となった病院事業

■先進事例から何を学ぶか

　政令指定都市として最大の人口を持つ横浜市の公立病院における指定管理者制度の導入経験は、自治体における特定分野の業務全部をアウトソーシングした先行事例として、特に、業務委託の枠組みの設計、事業者の選定条件設定とモニタリングの面で十分に検討され、一般化への理論構築をすべきであると考えられる。

　このケースは、指定管理者制度導入としては、全国でも初期段階の事例であり、しかも事業規模（経常運営経費）が150億円を超えるという全国でも最大規模であり、民間事業者間の競争による選定が行われたという点で、指定の枠組みづくりから指定条件の検討、指定管理者の選定作業という観点からも参考になると考えられる。

　公の施設における指定管理者制度の導入は、官民競争入札、あるいは民間事業者相互の競争入札によって事業者を決定するシステムを持っていることから、施設の管理運営における実質的な市場化テストとしての取り組みにもなっている。さらに、事業者の競争的な選定方式だけではなく、選定後のモニタリングも重要な課題となっている。

■突如、最大の課題となった港湾病院の管理運営

　横浜市立港湾病院は、横浜市の中でもっとも早い時期に市民への医療サービスの拠点として整備された病院であるが、老朽化し、施設としても市民の医療需要に十分応えられるレベルではなくなったとして、改築

することになった。しかし、この改築のプランニングの過程では、ある意味では、健全な管理運営が全く不可能となるほど、経営上の検討がほとんど行われないままに、「理想の」病院像を目指すという「雰囲気」の中で「過剰設計」が既成事実化していったのが実態であった。

　改築プランとしての内容が確定し、基礎工事を経て躯体の鉄骨が立ち上がってきた平成14年に、市長選挙が行われた。当時、4選目を目指す現職市長に対して、多選を批判した現在の中田市長が対抗馬として出馬した選挙であった。

　誰もが改革を必要としているのに、既得権とのしがらみから誰も改革に着手できない、という状況に対して、改革を進めるのがトップの責任という姿勢を明確に打ち出した中田市長にとって、最初の大きな関門が港湾病院の経営改革であった。多くの関係者が、相当の赤字運営を心配しつつも、積み上がる建設計画の既成事実化に異議を主張することができない状況にあったため、「政権交代」を機に、見直しを主張する動きが出始めていた。

　中田市長は、当初、建設工事のストップも考えたとのことであるが、すでに鉄骨が立ち上がっていた工事進捗の段階では、工事請負契約の違約金、補助金・企業債の返還、建設途中の構築物の撤去など、巨額の費用と手続きがかかることから、竣工後の経営を見直し、少しでも税金の持ち出しを少なくすることが現実的な対応であった。

　中田市長は、「港湾病院の職員は本当によい仕事をしてくれていると高く評価しています。横浜市が運営している他の病院と比較して経営効率化がこの数年の間でとても進んでいるからです」としながらも、「公がつくる以上、災害の時に備えた立派な病院をつくる。その上きれいな病院ということになる」とし、就任後に「衛生局の幹部職員が三人くらいが説明に来たときに、市長室のドアを閉めさせた。本音の話を聞かせてもらいたいと。一体、毎年の繰り入れはどのくらいになるのだと聞いたら、四十数億円ではすまない。さらに十数億円それに積み上がると」いう実態を確認し、市立病院のあり方検討会を設置して、運営形態を検

図表2－1　民間委譲、全部適用、業務委託、指定管理者の違い

区分	地方公営企業法一部適用	地方公営企業法全部適用	公の施設の管理委託（公設民営）	民間への委譲（民営化）
説明	地方公営企業法の財務規定のみを適用	財務規定だけではなく、企業管理者の設置や組織、人事労務に関する規定等、地方公営企業法の全部を適用	・公立病院として地方自治体が設置し、受託団体が運営を行う（いわゆる「公設民営方式」） ・市の会計処理は、地方公営企業法が適用される（受託者の会計処理は、当該団体に適用される会計原則による）	・土地建物を民間の医療法人又は学校法人等に譲渡する。ただし、手法としては土地建物を民間法人に貸し付けることも考えられる ・経営は、すべて譲受団体に移る
開設者	地方公共団体	地方公共団体	地方公共団体	民間法人
運営責任者	地方公共団体の長	病院事業管理者 ・地方公共団体の長が任命 ・特別職地方公務員 ・地方公共団体の長の補助機関 ・地方公営企業の業務を執行し、当該業務の執行に関し当該地方公共団体を代表（予算調製等一部を除く）	受託事業者	当該民間法人の長
地方公共団体の長、主務大臣等との関係	・設置条例で設置及び経営の基本を定め、その他は地方公共団体の長が規則等で制定	・設置条例で設置及び経営の基本を定め、その他は管理者が企業管理規程で制定 ・地方公共団体の長は、地方公営企業に係る予算の調製、議会への議案の提出、過料賦課等の権限を留保 ・地方公共団体の長は、出納取扱金融機関の同意など法定事項に限り関与 ・地方公共団体の長は、地方公営企業の業務と地方公共団体の他の事務と	・地方公共団体が、経営に関して条例その他で定められた事項及び毎年度の予算に従って事業を委託する ・地方公共団体は、委託契約に基づいて、受託者に対して必要な指示等を行うことができるほか、民法その他の法令に反しない限りで、双方の協議により必要な措置をとることができる	・譲渡の際の契約に盛り込むことによって、一定の条件を付すことは可能

		の間の調整を図るため必要があるときなどに限り、地方公営企業の業務の執行について必要な指示をすることができる		
組織	設置条例で設置及びその経営の基本を定め、その他は地方公共団体の長が規則等で決定	設置条例で設置及びその経営の基本を定め、その他は、管理者が企業管理規程で決定	受託事業者が定める	当該民間法人が定める
職員の任命	地方公共団体の長が任命	管理者が任命	受託者が雇用契約を締結	当該民間法人が雇用契約を締結
職員の身分	地方公務員 ・職員団体の結成可 ・当局と職員団体との協定締結可（法的拘束力はない）	地方公務員 ・労働組合の結成、団結権、団体交渉権が認められるが、争議権は認められない	受託者の職員（民間職員） ・労使関係は一般民間企業と同じ	当該民間法人の職員（民間職員） ・労使関係は一般民間企業と同じ
職員の給与	一般行政職職員と同じ給料表が適用される（人事委員会勧告の対象） ・給与は、その職務と責任に応ずるものでなければならない ・給与は、生計費並びに国及び他の地方公共団体の職員並びに民間事業の従事者の給与その他の事情を考慮して定めなければならない ・職員の給与、勤務時間その他の勤務条件は条例で定める	一部適用のときの要件に加え、当該地方公営企業の経営の状況その他の事情等を考慮して、企業独自の給料表を定めることが可能（人事委員会勧告の対象外） ・給与の種類及び基準は条例で定める ・給与の額及び支給方法等の詳細は、労働協約、企業管理規程等による	受託者が、査定、労働協約、就業規則等に基づいて決定する	当該民間法人が、査定、労働協約、就業規則等に基づいて決定する
一般会計からの繰り入れ	・地方公営企業法に基づき、負担金、補助金として繰入可能	・地方公営企業法に基づき、負担金、補助金として繰入可能	・地方公営企業法に基づき、負担金、補助金として繰入可能（受託者は、委託料の範囲で業務を行う）	・事業によっては補助が可能

出所：「福祉衛生環境保全委員会配布資料」（横浜市衛生局：平成15年6月20日）より作成（参考文献：全国自治体病院協議会雑誌第40巻第9号「重点協議 地方公営企業法の全部適用」）

討させた（「横浜市改革エンジンフル稼働―中田市政の戦略と発想」南学・上山信一編著、東洋経済新報社、2005年より）。

　その結果は、民間委譲、民間委託、公営企業法全部適用という選択肢であった。民間委譲は、大学病院などにあたったが、施設規模・内容から予想される膨大な赤字額を前提にしては、希望する病院はもちろんなく、民間委託が現実的な方策として打ち出された。この方針が打ち出された平成15年に、地方自治法の改正による公の施設の管理運営に指定管理者制度が導入されたのである。

　地方自治法改正の動きをにらみながら、業務委託に関して指定管理者制度の導入可能性を検討することとなった経緯から、総務省との連絡を密にとりながら法改正の主旨の確認と理解も徹底し、本格的導入事例としては全国で初めてのケースとなったのではないだろうか。しかも、事業費規模が100億円を超え、民間2病院が応募して、選定作業を行うという、官民競争ではないが、民間競争を導入した点でも、非常な緊張を伴った選定作業となった。

▎大規模病院の管理運営を委託する枠組みで問われたもの

　横浜市における大規模病院の「民営化」の大きな課題は、指定管理料（「業務委託費」に相当する）をどのような算定にするか、という点にあった。他の公の施設とは違って、病院はその施設における医療によって、日々、多額の診療報酬を得ることができる。しかも、その診療報酬は固定的ではなく、病院の経営努力によって大きく変動する性質のものでもある。その診療報酬収入を「利用料金制」で、直接に事業者の収入にすることは可能であった。しかし、港湾病院は公営企業法を適用した公営企業会計で運営していたので、利用料金制をとると、公営企業会計上の減価償却を計上する「原資」がなくなってしまうという事態になることが判明した。

　公営企業会計をとることによって、新病院建設の事業費の手当てに一般会計からは切り離した企業債を活用することができたという経緯があ

り、そのために、公営企業会計上は企業債の償還原資として診療報酬を予定せざるを得なかったのである。会計処理上は健全経営を行うために民間委託を行うことにしたら、会計処理上（財務諸表上）は、むしろ経営が成り立たなくなる可能性が生じたことになる。そのために、診療報酬は公営企業会計のもとで病院の収入とし、その全額を指定管理料として、「受託事業者」に支払うという、企業会計をトンネルするような仕組みをとることになった。

　一般的に公の施設運営においては、施設・設備の減価償却は意識しないことが多い。民間企業の場合、施設設備に代表される「固定資産」は、収益を生み出す「現金製造機」とも言われていることから、その資産価値の減少を「減価償却」という概念で表現する。しかし、行政機関にとっての施設設備は、行政サービス提供のために税金を投入して確保するものであるから、そこからの「収益」は想定されていないことになる。利用料金も、受益者が限定される場合に受益者負担として設定されるとも解釈できる。

　しかし、病院は、その施設設備によって、住民への医療サービスを提供する一方で、その対価としての診療報酬という「収益」を生み出す。この収益は健康保険制度による「点数制度」によって全国一律に、しかも官民を問わずに一律の価格を決められていることから、公立病院の管理運営委託に関しては、少々面倒な「計算」を余儀なくされる。

　都市部で、一定の患者数を持つ地域では、施設設備はもちろん、施設だけでも無償で提供され、それを活用すれば間違いなく利益が上がる。横浜市の公立病院が公営企業会計を採用している大きな理由は、減価償却費を計上しない一般会計では、緊張感を伴う経営ができないことにある。したがって、港湾病院の会計には減価償却費が組み込まれていることから、事業委託を行う場合に、この減価償却の金額をいくらにするのかが問われることになる。

　現実の減価償却費の負担をそのまま要求すれば、公立病院としての立場から万全の安全を考えた施設・設備なので、民間医療法人としては

「過大な施設」を舞台にした膨大な減価償却費の負担が前提となり、管理運営を引き受けるインセンティブが働かないことになる。だからといって、減価償却費を採算点以下の低額に設定すれば、事業規模に耐えうる能力を持つ多くの医療法人が収益が保障された病院施設となるので、経営主体として「名乗り」をあげることになる。

このような前提条件があったことから、横浜市立港湾病院の事業委託に際して、減価償却費をどの程度に設定するのかという点で、非常に緻密な計算を行うことになった。幸いに、横浜市は人口350万（当時）を擁しているので、公立病院の他に、方面別に地域中核病院を公設民営方式で設置していた。そのため、その収支構造を比較することで、ぎりぎりの線で複数の医療法人が「手を挙げる」水準（標準収入を113億円に

図表2－2　港湾病院収支の仕組み

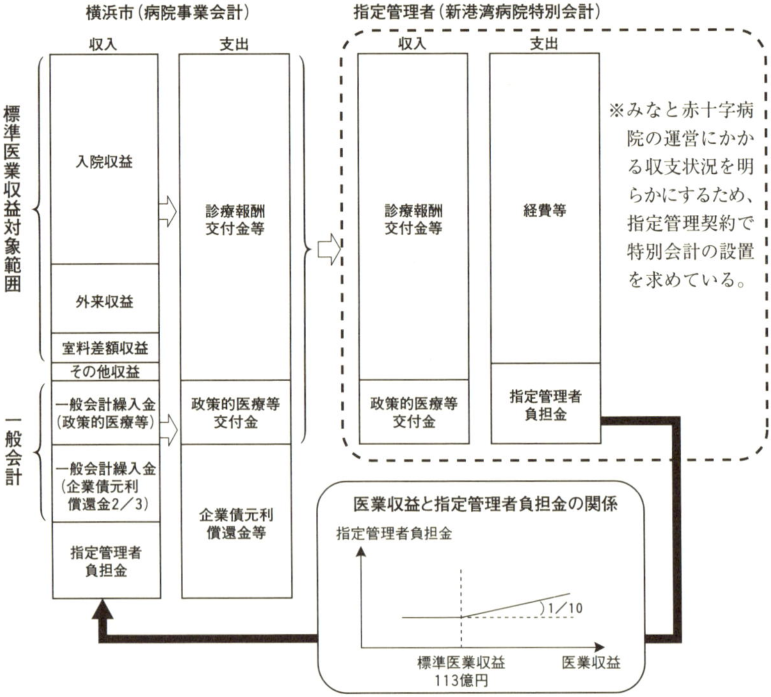

出所：横浜市立病院経営改革計画（横浜市衛生局：平成17年3月）より作成
注：指定管理者が「日本赤十字社」に決定したことに伴い、病院名は「みなと赤十字病院」（※）となった。

設定した）を設定することができた。つまり、横浜市側は、113億円という減価償却に対応する金額を事業者の収入金額にかかわらず、最低限、確保することになる。また、一方で、事業者の収入が113億円を上回った場合には、その上回った分の10%を負担させるだけで、90%は自己収入にすることで、増収へのインセンティブを確保する仕組みにした。そして、結果としては、同じ横浜市南部医療圏で業務を行っていた二つの機関が応募し、競争環境を整えることができた。もちろん、標準収入の算定に先立って、政策医療（地域医療に伴うさまざまな対応）に関する横浜市役所の負担部分も厳密に計算し、あらかじめ組み込んだ。

■公務員制度で民間より高い管理運営コストに

　基本的な問題となるのは、なぜ、直営方式を変更しなければならないかということにつきる。当然のことながら、「役所の運営はコストがかかり、民間の方が安いからだ」という答えが返ってくる。しかし、それはなぜであろうか。一般的には「公務員の給与が高いから」といわれているが、正確には、「勤務状況・業績が十分に評価されないで、勤務した職種と勤務年数によって自動的に定期昇給していく給与体系が条例で規定され、柔軟な対応ができないために人件費が高止まりする傾向にある」ことと、「住民の生活に関わる多くの業務を縦割り組織で行っているために、組織・人事管理が課ごとに固定化し、人員体制の流動性に欠けて非効率な面がある」ことが主になる。かつて「遅れず、休まず、働かずというのが公務員だ」と言われたことがあったが、現在では、業務が増える一方で人員削減も進んでいるので、残業が恒常化している職場も多くなっている。したがって、公務員個人の仕事の密度が低くてコスト高というよりも、年功序列型で固定している給与体系と、硬直化している組織運営によって「行政運営はコストが高い」という現象があることは否めない事実である。

　業務委託を考える時に、まず、嘱託職員雇用や派遣職員の活用による人件費削減、次に、正規職員と嘱託職員・派遣職員との業務分担を明確

にすることで、事務工程を分析し、定型的作業を切り分けることで事務工程の一部もしくは全部の業務委託が可能となる。公共施設の管理運営では指定管理者制度の導入によって、行政機関の一部署としての一般的な事務事業執行からは切り離され、ミッションを明確にすることで、行政機関直営とは違ったフレキシブルで効率的な管理運営の可能性が広がる。病院、上下水道、交通などの公営事業に関しては、公営企業法の全部適用などの手法活用を検討することで、サービスの向上と管理運営・経営の効率化を図るという流れである。

つまり、単純に「民間委託を行えば、経費の削減になる」という発想ではなく、人件費や組織運営の構造的な「非効率性」を明確にして、事業・サービスの性格やコスト構造を改革する処方箋を考えるという専門的な作業が必要となっている。

■指定管理者制度導入で示された「公務」の客観化

指定管理者制度が導入された当初は、柔軟性に欠け、経費も多くかかる公の施設の管理運営を、少しでも住民の視点に立ったサービス向上と経費削減を行うことを目的にした。しかし、前述したように実際の導入を、特に、企業会計を適用している公立病院への適用で検証すると、

① 事業の収益と利用料金との関係をどのように調整するのか
② 一定の利用料金を前提とした場合に施設の減価償却をどのように位置づけ、算定するのか
③ 効率的な管理運営を阻害する要因は給与表を機械的に適用している公務員制度にあるので、その問題をどのような手法で改善するのか
④ 地域住民へのサービス向上とは言うものの、サービスのそもそものミッションとは何かを、費用も含めて検討してきたのか
⑤ 公共サービスのモニタリングは誰が行うべきか
⑥ 民間事業者への転換による雇用問題の解決は複数の委託事業によって可能

というように、自治体の業務そのものに対する基本的な課題を提起することになった。これらの課題を総合的に検討しない限り、外部委託、指定管理者制度、市場化テストなどという手法にこだわるばかりで、税金でまかなう公共サービスの改善・改革には結びつかない。公立病院への指定管理者制度の導入事例は、まさにこの基本的課題を提起したのである。

3 モニタリングの手法とコスト

■■標準化される指定管理者制度におけるモニタリング

　三重県四日市市のモニタリングマニュアルは、指定管理者制度の対象となる公の施設へのモニタリングにおいて、標準的な内容を含むものになっており、完成度が高い。その主な項目を次に引用する（文章構成と表現には若干の修正を加えている）。この完成度の高いマニュアルの最大の課題は、モニタリングのコストをどのように考えるのかという視点である。つまり、直営ないしは外郭団体による管理運営を行っている時は、自己責任によるが、委託をして、管理運営主体が替わっても最終的な管理運営責任は残るので、評価・モニタリングを的確に行うためには、広範囲に及ぶチェックリストを用意しなければならない。またそのチェックを行うためのコストがかかるということになる。モニタリングマニュアルが精緻になればなるほど、コストも大きくなるのである。行政機関がチェックを「仕事」として捉えると、不備を指摘されないように多方面から詳細な検討を行い、「水の漏れない」チェックリストを作成するが、そのチェックリストを基に行う評価のコストも考えなければならない。評価のための評価ではなく、質の高い管理運営のための評価を実現するためには、評価基準やウェイトづけなど、検討すべき課題は大きい。

■■四日市市指定管理者モニタリングマニュアル

（1）　モニタリングの目的

指定管理者制度の目的は、市民の多様化するニーズに、より効果的、効率的に対応するため、官民の適切な役割分担に基づく官民パートナーシップのもとで、複数年度にわたり「公の施設」の管理運営を指定した団体等に委ね、市民に対して低廉かつ良質なサービスを提供するとともに、経費の節減等を図ることにある。このため、市は提供されるべき公共サービスの水準を示し、団体等を選定し、当該指定管理者との間で協定を締結し、指定管理者が契約義務として担うべき業務の内容を規定する。

　モニタリングとは、かかる指定管理者による公共サービスの履行に関し、条例、規則及び協定等に従い、適切かつ確実なサービスの提供が確保されているかを確認する手段である。また、安定的、継続的にサービスを提供することが可能であるか監視（測定・評価）し、確認内容等の公表を行うとともに、必要に応じ改善に向けた指導・助言を行い、管理運営の継続が適当でない等と認めるときは指定の取消し等を行う一連の仕組みでもある。

　このようなモニタリングが適切に実施されない場合は、重大な事故や事件の発生、指定管理者が実施する事業やその組織自体の破綻等のリスクの予兆を見過ごすこととなり、そのようなリスクが顕在化すると、施設の管理運営を継続できなくなるという事態が発生する可能性がある。また、そうした事態に至らなくても、コスト削減を重視するあまりに公共サービスの水準が低下したり、管理運営が適切でないために結果としてコストが高くなったりする可能性もある。しかしながら、指定管理者や市がモニタリングのために必要以上に時間やコストをかけることは、指定管理者制度の目的と照らして適当とはいえない。

　そこで、市では、本マニュアルを作成し、モニタリングが実施されることにより、指定管理者による管理運営の適正を期することとする。

（2）　モニタリングの基本的な考え方

　モニタリングに関しては、公共サービスの水準の確保や安全性、継続

性を担保する観点から、指定管理者に対する関与を必要最小限のものにすることに配慮しつつ、次の考え方を基本とする。

① モニタリングに関する役割分担
　指定管理者は業務の履行報告を行うとともに、自己評価を通じて主体的に業務の改善に取り組む。一方、市は、現場感覚と客観性とを持ちつつ、公共サービスの水準を維持するための履行確認・改善指示・監視を行う。このほか、利用者等の第三者が、施設運営に対する評価や苦情・要望を伝える、といった役割も重要である。

② 定期的・継続的なモニタリングの実施
　モニタリングを基にした管理運営改善のフィードバックを繰り返すことで、継続的に「公の施設」のサービス水準を高めるサイクルを作ることが重要である。したがって、モニタリングは定期的・継続的に行い、結果報告を求める。

③ モニタリングの枠組みの明確化
　モニタリングの対象・手法等について、必要十分なモニタリングの枠組みを予め設計し、明確にする。

④ 適正サービスの継続的、安定的提供の確保
　適正なサービスの継続的、安定的な提供を確保することが重要である。したがって、サービスの提供が必ずしも適切に行われていない場合には、必要に応じた対策をとり、達成できなければ指定の取消し等も視野に入れた改善指示を行う。また、サービス提供の継続性・安定性を担保する観点から、財務状況への対応等も検討する。

なお、指定管理者に委ねる管理運営の内容は、対象となる施設の性格、設置の目的等に応じて、ⅰ．施設や設備の管理が主体となるもの、ⅱ．それに加え、事業の実施についても含まれるもの、に大別できる。したがって、管理運営の内容の違いにより、業務運営のあり方や市のとるべき措置等が異なってくることに留意する必要があることから、本マニュ

アルでは適宜、留意すべき点を示すことにする。

(3) モニタリングと法令・協定書等との関係
　モニタリングについては、地方自治法や条例等において、市は、ⅰ. 指定期間中の適正な管理運営を確保するため、指定管理者に毎年度終了後に事業報告書を提出させるとともに、管理運営の業務又は経理の状況に関し報告を求め、実地に調査し、又は必要な指示を行い、ⅱ. 指示に従わないとき等には指定の取消し等を行うことができると定められている。
　これらの地方自治法や市条例等によって定められた事項に基づき、本マニュアルを作成している。そして、モニタリングの実施については、本マニュアルに則り、協定書や募集要項、仕様書内に記載することになる。

(4) モニタリング項目と必要な知識の説明
　上記のモニタリングの目的を達成するために、市は、指定管理者によって提供される（A）業務の履行状況の確認、（B）サービスの質に関する評価、（C）サービス提供の継続性・安定性に関する評価、の主に3項目について、モニタリングを実施することとする。
　それぞれについての説明は以下の通りとなる。

(A) 業務の履行状況の確認
　仕様書等に定められた事業や業務を指定管理者が適切に実施しているかについて、当初の事業計画と、事業報告書で報告される業務実施の状況との整合性を中心に確認する。具体的には次の項目となる。

　1) 事業、業務の履行状況
　　○基本的事項（開館時間、休館日）
　　○使用許可状況（申請管理、受付体制）

○利用料金徴収状況（徴収・減免・還付管理）
○施設の利用状況（利用者数、稼働率等）
○事業の実施状況（イベントの開催状況、参加者実績等）
○実施体制（職員配置、緊急時対応、保険加入、苦情対応、個人情報管理等）

2）　自主事業（提案内容）の実施状況
○事業の実施状況（イベントの開催状況、参加者実績等）
○事業の実施体制（保険加入状況、広報等）

3）　施設の維持管理状況
○保守管理業務の実施状況
○清掃業務の実施状況
○保安警備業務の実施状況
○外構、植栽管理業務の実施状況
○環境衛生管理業務の実施状況
○廃棄物処理業務の実施状況
○備品購入等の実施状況

(B)　サービスの質に関する評価
　指定管理者によって提供されるサービスの水準がどの程度かについて、実地調査や利用者アンケート等により測定・評価する。例えば、次のような項目が挙げられる。

1）　基本的事項
○職員の接客態度
○ホームページの見やすさ
○予約のしやすさ

2） 維持管理業務
○設備、備品、外構等の管理の程度
○清掃業務の程度
○個人情報管理の程度

3） 運営業務
○平等利用の確保の状況
○イベント実施の円滑さ
○利用者の満足度合い
○クレームへの対応状況

(C) サービス提供の継続性・安定性に関する評価

　指定管理者によってサービスが継続的、安定的に提供されているかについて、収支の状況や経営分析指標を通じ、事業計画と実績との比較等により定量的に評価する。すなわち、
① 事業報告書に記載されている指定管理業務に関する収支状況（料金収入の実績、委託料等の収支状況等）が、応募段階の収支計画と乖離していないかを確認するとともに、
② 指定管理者である団体等の決算後、すみやかに財務書類等の提出を求め、指定管理者の財務状況が継続的・安定的にサービスを提供できる状態にあるかどうかを確認する。こうした収支の状況や経営の状況については、指定管理者が自己責任で行うことが基本ではあるが、市として日頃から事業の安定性をチェックし、課題が明確な場合には早期に改善が図られるよう、指定管理者と市との間で協議しておくことが重要である。

以上について、具体的には次の項目が挙げられる。

1） 施設運営、事業収支の状況
○収入の状況（利用料金収入・事業収入・委託料の実績）

○支出の状況（人件費、修繕料、備品購入費等の実績）
○自主事業に係る収支の状況

2）指定管理者の経営状況
　① 監査報告書（監査人による監査結果、指摘事項）
　　ⅰ）適正な会計手続きがなされているか。
　　ⅱ）偶発債務・簿外債務等の存在が指摘され、財務健全性が脅かされてないか。
　　ⅲ）事業の存続を脅かす異常事項が指摘されていないか。
　② 貸借対照表：
　　ⅰ）団体等の事業と関係の無い勘定科目あるいは資産負債項目は無いか。
　　ⅱ）注記事項の中に異常値が無いか。
　　ⅲ）資産・負債の中に大きな前期比増減がある場合その理由は何か。
　　ⅳ）流動比率・負債比率等の財務指標に異常値が無いか、あるいは大きな前期比変化がある場合その理由は何か。
　③ 損益計算書：
　　ⅰ）適正な利益率を確保できているか。
　　ⅱ）特別損益項目に異常値は無いか。
　④ キャッシュフロー計算書：
　　ⅰ）営業キャッシュフローがプラスを維持できているか。
　　ⅱ）投資キャッシュフローは妥当なものか。
　　ⅲ）財務キャッシュフローは妥当なものか。
　⑤ 利益金処分計算書：社外流出額は適正な範囲内か。
　⑥ 財務諸表付属明細書：前記①〜⑤を受けて詳細な検討を行う場合に参照する。
　⑦ 税務申告書：企業会計と税務会計の差異から事業存続に影響する要因を把握する。

⑧　資金繰り表：団体等の資金収支に問題がある場合に分析するが、頻度（月次・四半期・半期・年間等）は必要に応じ設定する。

（5）　モニタリングの実施主体と役割
　仕様書、協定書及び指定管理者の事業計画書に基づくサービス水準（施設の管理運営業務や企画事業実施の内容等）を維持するため、指定管理者と市は協議のうえ、施設に応じたモニタリングの具体的な手段や評価内容等について定める。以下は、指定管理者と市がそれぞれ主体的に行うモニタリング事項の解説である。

(A)　指定管理者が行う事項
　1）　業務遂行の記録、自己評価
　　　指定管理者は、日常・定期的に行う施設の清掃、機器点検、安全対策等のほか、施設の利用状況、料金の収納状況等について、日報、月報等の形で記録する。ただし、その作成自体を目的とするのではなく、併せて自己評価を行い、問題解決やサービス向上に繋げていくことが重要となる。したがって、①計画と実施内容が大きく乖離した場合の要因を明確にし、②要因に対する解決策の提示、③早急な解決が困難な問題を検討課題として指摘することがポイントとなる。
　　　こうした記録を基に、指定管理者は、管理運営業務、経理の実施状況を点検し、その結果を正確に反映した業務報告書を毎月終了後に作成し、市に対して翌月10日までに報告しなければならない。

　2）　利用者アンケートの実施
　　　利用者の意見や要望を把握するため、当該施設において提供されるサービスに関する利用者アンケートを実施することが望ましい。
　　　指定管理者は、利用者に対するアンケート用紙を作成し、施設内に回収箱を設置するなどの方法で回収する。なお、施設の性格や設

置形態等により特別な事情がある場合は、省略できる。ただし、その場合でも、他の手法（聞き取り調査やインターネット等）を用いて利用者の意見を汲み取ることは重要である。

　調査項目として、接客対応、施設・設備、利用条件、利便施設、企画内容等についての満足度を調査することが考えられるが、内容、実施方法、仕様等については、指定管理者が市と協議のうえで設計する。

　その結果について、指定管理者は自己評価（良否、課題と解決策等）を行い、施設内に掲示する等により今後の管理運営に反映させるとともに、市に報告する。

　具体的には、①利用者の満足度が著しく低い項目がある場合の要因を明確にし、②要因に対する解決策の提示、③早急な解決が困難な問題の検討課題としての指摘、について、報告を求める。

3）　事業報告書の提出

　指定管理者は、毎会計年度の終了後協定書に定める日以内に、次の項目について記載された事業報告書を作成し、市に提出する（ただし、年度途中に指定の取消しを受けたときは、取り消された日から起算して協定書に定める日以内に当該年度の取消日までの間の事業報告書を提出する）。

①　管理業務の実施状況及び利用状況
②　使用料（又は利用料金）の収入実績
③　管理経費の収支状況
④　前各号に掲げるもののほか、市が別に定める事項

(B)　市が行う事項

1）　定期の業務遂行確認

　市は定期的に、指定管理者が管理運営する施設への立入等により、現地で業務遂行状況の確認を行うとともに、指定管理者から業務報

告書等の関係書類の提出を求め、その内容を確認する。実地調査は監視の役割も担い、指定管理者が行うモニタリングの結果と合わせ、広い視野での総合的な履行確認を行う。必要があれば市独自で、又は市が指定管理者と協働して、市民に対してヒアリングやアンケートによる調査を行うこともある。

　確認すべき項目としては、施設の保全、施設の清掃、機器の点検、安全対策、備品の保管、事故等の発生、法令等の遵守、職員の配置、職員の接客対応、企画事業の実施、サービスの質の維持向上対策、等の状況を挙げることができる。なお、その他必要な事項については、事前に指定管理者の意見を聞き、市が定める。

2）　事業決算の確認
　指定管理者から提出された事業報告書に基づき、施設の管理運営、住民利用、経理の状況について確認する。

3）　管理運営業務の評価、指導
　定期の業務遂行確認や事業決算の確認等の結果に基づき、市は指定管理者のサービス水準が維持されているかを評価し、その結果を指定管理者に通知するとともに、改善が必要な場合は「改善指示書」を通じて指示を行う。指定管理者は、指導項目の対応策を「改善計画書」として取りまとめ、市に提出するとともに、改善に全力で取り組む。

　このほか、事業収支が赤字である等、財務状況に関する結果が芳しくない場合、市は、指定管理者との協議の場を設定し、悪化原因や今後の対策等について説明を受け、指定管理業務の継続的な運営を主眼に、サービス水準を低下させることがないよう必要な指導・助言を行う。この場合、指定管理者の財務運営の健全化に向けた対策は自己責任で行うことが基本であることに留意する必要がある。

4） 随時の業務遂行確認、評価、指示

　　市は、「改善計画書」に基づく改善状況の確認、又は必要に応じて、施設への立入等により、必要と認める項目について現地の業務遂行状況を確認する。

　　「改善計画書」に基づく改善結果が適正と認められない場合は、市はその結果を通知するとともに、改善すべき内容と期限等について「改善指示書」を通じて指示する。

　　また、市は、是正・改善の指示を行っても業務改善が認められない場合や、指定管理者が当該業務を実施しない場合には、不十分となった業務に対する費用相当分を委託料から減額する。また、協定に違反するなどによって市に損害を与えたときは、指定管理者の債務不履行に当たるとして、損害の賠償を求めることができる。さらに、再三の是正・改善の指示に対しても従わない場合、指定管理者の指定の取消し又は期間を定めて業務の全部又は一部の停止を命ずる。

5）その他の指定管理者への指示等

　　以上のような、サービス水準の維持に向けた管理運営業務の是正や改善の指示のほか、公の施設の管理運営の適正を期すため、次の場合には、市は指定管理者に指示を行うものとする。

① 利用者に対し、正当な理由がないのに施設の利用を拒んだり、不当な差別的取扱いをしたりするようなとき。
② 施設の形質を勝手に変更するようなとき。
③ 経営効率を重視する等によって、要員の配置や施設の管理運営が当該施設の設置目的を効果的に達成するために適切なものとなっていないとき。
④ 災害等緊急時において当該施設を市が使用しようとするとき。
⑤ その他市長が当該施設の管理運営の適正を期すため必要と認めるとき。

6）指定の取消し等

　　指定管理者の責めに帰する次のような事由がある場合には、市は、指定管理者の指定の取消し、又は期間を定めて指定管理業務の全部又は一部の停止を命ずる。
① 　地方自治法第244条の2第10項の規定による報告の要求又は調査に対して、これに応じず、又は虚偽の報告をし、若しくは正当な理由なく報告等を拒んだとき。
② 　地方自治法第244条の2第10項の規定による実地調査又は必要な指示に従わないとき。
③ 　協定の内容を履行せず、又はこれらに違反したとき。
④ 　条例に規定する指定管理者の申請資格を失ったとき。
⑤ 　指定管理者の申請の際に提出した書類の内容等に虚偽があると判明したとき。
⑥ 　団体の経営状況の著しい悪化等により管理運営業務に重大な支障が生じたときまたは生じるおそれがあると認めたとき。
⑦ 　指定管理者による管理運営業務の実施に際し不正行為があったとき。
⑧ 　指定管理者による管理運営業務の内容や水準が低下して管理運営を継続することが適当でないと認めたとき。
⑨ 　その他指定管理者による管理運営業務を継続することが適当でないと認めたとき。

なお、指定管理者の団体等自体が経営危機にある場合や、管理運営業務の収支状況が大幅な赤字で業務の継続が困難になることが予想される場合の現実的な対応方法としては、速やかに事情を把握し、当該業務の全部又は一部を一時的に直営に戻すなどの対策を講じたり、他の団体等を新たに指定管理者として指定する準備を始めたりするといった対応をとることが必要になる。

(C) 指定管理者と市が協働して行う事項

1) 連絡調整会議の適切な運営

指定管理者と市は、管理運営業務を円滑に実施し、業務の調整及び情報の交換を図るため、「連絡調整会議」を設置し、定期的に会議を開催する。

指定管理者の経営状況確認や業務のモニタリングに当たっては、連絡調整会議をその説明や対応協議等を行うための場とする。

2) 施設管理運営評価委員会の設置、運営

指定管理者による管理運営業務のサービス水準の維持、向上や財務状況等のモニタリングを、より客観性をもって実施するために、第三者からの意見や評価を反映する仕組みづくりを進めることが必要である。

その形態として、指定管理者と市で設置する連絡調整会議の上位機関として、第三者と市による「施設管理運営評価委員会」を施設ごとに設置することが考えられる。第三者としては、施設利用者、関連施策関係者等から、施設目的や性格、規模等を勘案して構成することが適当である。なお、指定管理者は、管理業務の説明者等として施設管理運営評価委員会に参加することになる。

第三者による監視・検証については、次のような視点で取り組む。

① 市が実施するモニタリングが適正であるかどうか
② 是正・改善の指示等は適正に行われているか
③ 利用者アンケートや苦情に対する指定管理者や市の対応は適切なものであるか
④ 指定管理者の経営状況や業務遂行状況は健全であるか、安定性を欠く点はないか

等

第3章 横浜市における指定管理者の第三者評価制度

1 モニタリング・第三者評価の活用方法

■モニタリングが最大関心事に

　指定管理者制度は、自治体の公の施設管理委託に関して、地方公共団体の出資法人、公共団体、公共的団体に限定されていたが、平成15年の地方自治法の改正によって、民間事業者にも委託が可能となった制度である。

　この指定管理者制度をいち早く適用した「先進自治体」では、指定管理期間が１巡目を終え、２巡目を迎える公の施設が多くなってきている。２巡目を迎えるということは、指定管理者制度の主旨に照らせば、１巡目の成果に関する評価を含めたモニタリングの内容が公表され、その評価によって、２巡目の指定管理者の選定が行われることになるという点で、大きな意味を持っている。指定管理者制度以前は、管理運営委託先は、地方公共団体の出資団体であることが多く、契約は１年毎の更新となっていたものの、実質的にはほとんど自動的に決まっていたので、管理運営の成果や評価に関するモニタリングが注目されることは少なかった。むしろ、直営に戻すことも含め、他に管理委託先を変更するという選択肢は、自治体の「出資団体」に限定されている法的制約の中では、実質的に存在しなかった。したがって、モニタリングの結果は内部の検討材料にとどめ、外部に対する公表には「慎重」である傾向もみられたことは確かである。

　指定管理者制度によって、もっとも大きく変わったのは、管理委託の「自動更新」がなくなったことであり、成果や評価が次の契約更新の説

指定管理者制度の運用上の留意事項
（総務省自治行政局行政課：平成20年6月6日）

○指定管理者の選定過程に関する留意事項

◇指定管理者を選定する際の基準設定に当たって、事業計画書に沿った管理を安定して行うことが可能な人的能力・物的能力を具体的に反映させているか
◇複数の申請者に事業計画書を提出させることなく、特定の事業者を指定する際には、当該事業者の選定理由について十分に説明責任を果たしているか
◇選定委員会のあり方（選定の基準等）について説明責任を果たしているか
◇選定委員には施設の行政サービス等に応じた専門家等が確保されているか
◇情報公開等を十分行い、住民から見て透明性が確保されているか

○指定管理者に対する評価に関する留意事項

◇評価項目・配点等について客観性・透明性が確保されているか
◇モニタリングの数値、方法等について客観性・透明性が確保されているか
◇モニタリングに当たり、当該行政サービス等に応じた専門家等の意見を聴取しているか
◇評価する施設の態様に応じた適切な評価を実施しているか
◇評価結果についての必要な情報公開がされているか

○指定管理者との協定等に関する留意事項

◇施設の種別に応じた必要な体制（物的・人的）に関する事項を定めているか
◇損害賠償責任の履行の確保に関する事項（保険加入等）を定めているか
◇指定管理者変更に伴う事業の引継ぎに関する事項が定められているか
◇修繕費等の支出について、指定管理者と適切な役割分担の定めがあるか
◇自主事業と委託事業について明確な区分が定められているか

○委託料等の支出に関する留意事項

◇指定管理者に利益が出た場合の利益配分のあり方等を公募の際の条件として可能な範囲で明示しているか
◇地方公共団体側の事情で予算（委託料等）が削減された場合等を想定し、指定管理者側と協議の場を設ける等適切な定めが協定等にあるか
◇委託料の支出にあたり選定の基準（人的、物的能力等）等に応じた適切な積算がなされているか
◇利用料金の設定に当たっては、住民に対するサービス提供のあり方を勘案し適正な料金設定となるよう留意しているか

明資料として公表されるようになったことである。もちろん、モニタリングの前提となるのは、指定管理者の選定と協定、指定管理料（委託料）の設定が適正に行われていることである。「公の施設」をどのような目的で、どの程度の水準で管理運営をするのかという基本的な考え方が、協定（契約）によって明らかになり、その履行確認と実施評価がモニタリングによってチェックされることになったのである。

　この時期に、全国の自治体における動向をもとに、総務省が留意事項を簡潔にまとめて自治体に通知している。

　指定管理者制度の適用を早期に行い、積極的に展開したことで、モニタリングに関してもその手法や内容で先行しているのが横浜市である。特に、そのモニタリングの手法として、民間評価機関による第三者評価を制度化した取り組みが注目されている（実施状況は、本章末91ページ以下「参考」参照）。

　横浜市の第三者評価制度は、指定管理者制度のモニタリングに限定されることはなく、自治体業務のアウトソーシングに関するモニタリングについても応用可能であり、その手法の拡大が予想できる制度である。

　第三者評価がこれからの評価制度の一つのモデルを提示するのは、まず、監視・評価（モニタリング）に第三者の視点を入れざるを得ない時代的な背景がある。ほとんどの自治体で財源が不足し、十分な社会保障や教育、防災などの基本的施策にも困難を生じている実態からは、税金の使い方が大きく注目され、公の施設でもその利用効率性やサービス水準と経費のバランスに対して合理的な説明が必要になっている。その説明に関して、行政内部の視点から専門的な内容で説明するだけではなく、利用者や専門家からの客観的な視点からの説明が求められている。また、客観的な評価のために、第三者（学識経験者、専門家、市民など）を含めた「評価委員会」を設置するのが一般的であるが、施設毎に特徴があるので、それぞれの施設の特性に合わせて評価委員会を個別に設置せざるを得なくなると、その委員会の運営コストが膨大なものになることは確実である。

図表3－1　横浜市における指定管理者制度導入状況　　平成20年3月末現在

指定管理者制度導入施設 （平成20年第1回市会定例会までに条例改正が終了）		904施設
	指定管理者指定済施設 （平成20年第1回市会定例会までに指定が終了）	902施設
	指定管理者未指定施設 （平成20年第2回定例会以降に指定議案を上程）	2施設

図表3－2　施設別指定状況　　平成20年3月末現在

施設名称	施設数	指定管理者分類（施設数）	
		民間事業者等※	本市外郭団体
区民文化センター・美術館等 文化施設	17	13	4
地区センター等	120	118	2
公会堂	1	1	－
男女共同参画推進センター	3	－	3
地域ケアプラザ等 福祉衛生施設	182	144	38
公園・動物園	96	69	27
技能文化会館・消費生活総合センター	2	1	1
リサイクル施設	4	2	2
市営住宅	288	70	218
港湾関連施設	153	86	67
スポーツ施設	27	2	25
博物館・こども科学館等 教育文化施設	11	1	10
合　計	904	507	397

※民間事業者等…民間事業者、NPO法人のほか、区民利用施設協会、区社会福祉協議会、民間事業者と本市外郭団体共同事業体等を含む
出所：横浜市ホームページ「横浜市の指定管理者の状況」より作成

　こうした理由から、第三者評価制度は、客観性と評価そのもののコストを下げるという両面で、市民が日常的に利用する一般的施設において、今後、普及する可能性を持っているのである。

■第三者評価制度導入の背景

　横浜市では、2巡目を迎える以前から、民間評価機関による第三者評価に着手している。その大きな要因は、人口360万を超える我が国最大の政令指定都市として、公の施設が非常に多い実態にある。横浜市では、指定管理者制度の対象となる公の施設数が大中小合わせて約1,100施設にも及んでいるのである。そのほとんどである904施設（平成20年3月現在）において指定管理者制度を導入している。

　このような指定管理者の選定は公募を原則にしているものの、4割程度の施設では、外郭団体が指定されている実態もあることから、「出来レースではないのか」「身内優先ではないか」という批判も予想される。横浜市では、指定管理者制度を導入した施設における指定管理者に対する点検評価、つまりモニタリングに関しては、

① 　地方自治法に基づき行政が実施する業務履行確認・指導の徹底
② 　指定管理者との協定等に基づき指定管理者が実施する「利用者アンケート」、「利用者会議」等による施設運営に対する利用者の声の反映（自己点検評価）
③ 　横浜独自の取り組みである利用者の声を直接に市につなげる専用電話「ご意見ダイヤル（045－664－1122）」の設置

図表3－3　横浜市における指定管理者第三者評価制度の流れ

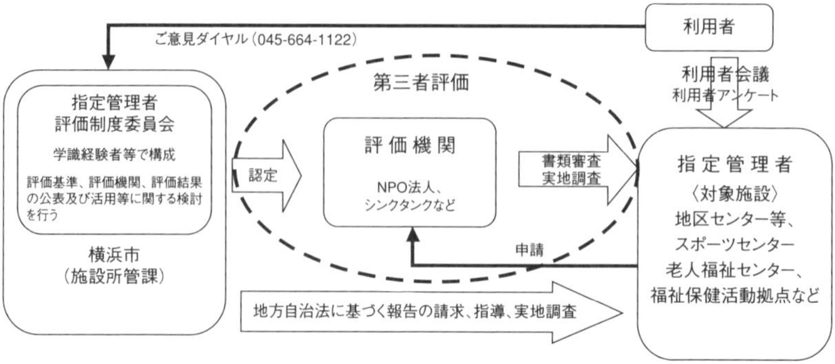

出所：横浜市役所ホームページ資料より作成

の3点を基本的な方針として、モニタリングが客観的で恣意的にならない観点を明確にしている。

このようなモニタリングを基本方針に基づいて行うのであるが、少ない施設数であれば、モニタリング評価は、施設毎に役所内部の評価委員会、あるいは、外部有識者を含めての評価委員会を組織し、指定管理者からの報告をもとに、当初の目的を達成しているかどうか、住民に対するサービス水準は満足できるものであるか、住民からの苦情や評価はどのような状況か、というような項目で行うことができる。しかし、全ての指定管理者へのモニタリング評価について、個別に委員会を組織して行うことは不可能である。仮に可能であるとしても、その評価行為そのものに膨大な経費がかかることになるので、効率的な施設運営が主要な目的である指定管理者制度の主旨に反することにもなる。

したがって、点検・評価作業（モニタリング）を行政が直接に評価を行うよりも効率的に実施できる可能性が広がることと、信頼性を確保するというねらいもあって、管理運営に高度な専門性を伴わないような、住民が日常的に利用するような、一般的に規模が比較的小さい施設において、第三者評価の導入を図ることになった。さらに、その取り組みの状況をホームページで徹底的に情報公開し、「不信感」を持たれないようにしていることも特徴となっている。

この第三者評価の目的としては、行政による履行確認や利用者アンケートやご意見ダイヤルなどの点検評価に加えて、公の施設としての管理水準のより一層の維持向上を図ることとしている。その質の向上に関しては、指定管理者が、第三者評価を積極的に活用することで、業務改善の取り組み（PDCAサイクルの確立）を行い、自らがサービスの向上に努めていくという自主性を基本としている。

また、こうした第三者評価によって得られた結果は、行政としても外部の専門的視点として受け止め、指定管理者制度の適正な運用につなげるとしている。

先に述べたように、第三者評価の対象となっているのは、地区センタ

ーやスポーツセンターなど、市内に同種の施設が複数存在している施設である。市内に一つか二つというような規模も大きく、専門的な運営ノウハウや職員配置が必要な美術館や動物園のような施設では、市役所の担当部局が評価委員会を設置してモニタリングを行うことを基本にしている。指定管理者制度が創設されて歴史が浅い現段階では、専門性の高い施設において、十分なモニタリングを行うことのできる第三者機関が育っていないことも理由の一つである。

図表3－4　指定管理者制度導入施設(904施設)における評価実施方法

平成20年2月現在

①　民間機関による第三者評価を実施 　◇　同種施設が複数存在する区民利用 　　　施設　300施設	②　施設ごとの外部評価委員会で評価を実施 　◇　その他の施設　604施設
地区センター等(120)、スポーツセンター(18)、老人福祉センター(18)、地域ケアプラザ(106)、福祉保健活動拠点(18)、こどもログハウス(18)、公会堂(2)	・高い専門性を有する施設 　横浜美術館、国際プール、歴史博物館、男女共同参画センター（18年度実施済）等 ・施設ごとに評価の視点が異なる施設 　公園 ・管理のあり方も含めて検証する施設 　市営住宅
→18年度中に37施設で評価を実施 →19年度中に116施設で評価を実施予定 →20年度以降、残りの施設で評価を実施	→18年度中に19施設で評価を実施 　男女共同参画センター(3)、公園(15)、みなと赤十字病院 →19年度中に394施設で評価を実施予定 　横浜にぎわい座等文化施設(8)、よこはま動物園、社会教育コーナー、歴史博物館等文化財施設(5)　ほか →20年度以降、残りの施設で評価を実施

出所：横浜市役所ホームページより作成

■民間評価機関も公募した「横浜方式」

　横浜市の第三者評価は、民間の評価機関による評価制度の活用となっ

ているが、その民間の評価機関も公募したことが特徴となっている。この公募にあたっては、第三者評価の仕組みや評価対象となる公の施設の設置目的や利用状況、協定による契約内容等を十分に理解している団体を対象とするのは当然であるが、このような条件を満たすかどうかの判定は非常に難しい。そこで、横浜市では、評価機関に所属する評価員に対する研修を実施し、研修の効果測定で一定水準に達した評価員を登録し、この評価員を２名以上確保できた期間を横浜市の指定管理者による施設管理運営の評価機関として認定した（平成19年度で23団体を認定）。

　評価員研修は、横浜市の職員によって実施された。一定期間以上の経営相談業務や公共施設等の評価実績を持つ者を対象に、指定管理者制度の基本的な知識、評価制度の概要、評価実施上の留意事項、各施設の概要、施設を使った実地研修、模擬評価、効果測定で構成した研修を実施した。また、特別な資格要件を定めていない者を対象に、評価補助員研修として、評価員研修から模擬評価と効果測定を除く全ての内容で構成される研修も実施した。この研修は、評価員研修が３日間、評価補助員研修が２日間であった。平成19年２月と６月に実施して、現在、評価員133名、評価補助員103名を認定している（この研修は、平成20年度から横浜市立大学エクステンションセンターに委託し、近い将来的には、大学の機能も活用して、評価機関が共同で評価者研修・認定ができる仕組みを検討中である）。

　実際の評価にあたっては、評価員２名以上のチーム、もしくは評価員１名と評価補助員がチームを組んで実施している。

　この民間評価機関の認定、評価を実施する評価員研修の基礎となったのが、横浜市職員が行った施設の管理運営についての業務点検であった。特に、「横浜市福祉サービス第三者評価」で、民間評価機関を活用して、福祉施設に関する評価を公表してきたモデルの役割は大きかった。

　指定管理者との協定には、利用者アンケートの実施や利用者会議の設置を求め、利用者の声を取り入れることを義務づけていた。さらに、利用者が施設に対する不満を直接に指定管理者に伝えることが難しかっ

り、改善が図られなかったケースを想定して、「よこはま市民利用施設ご意見ダイヤル」を設置して、コールセンターを活用して365日年中無休で対応し、寄せられた意見はそれぞれの施設の所管部署に伝えられ、担当部署と当該施設の指定管理者の協議によって対応策を講じる仕組みとしていた。

このような、モニタリングの実績の蓄積によって、半年程度の検討期間を経て、施設毎の主な点検・評価項目が検討され、客観的な基準として整備されたことで、指定管理者制度における民間評価機関の認定や評価員の研修に結びついたのである。

自発的な評価を促す仕組みを基本に

横浜市における民間の評価機関による第三者評価のユニークな点は、行政が評価機関に委託して評価を行うのではなく、指定管理者が自ら評価機関に評価を依頼するという仕組みにしているところである。指定管理者が自発的にサービス水準を自己点検・評価して、それを評価機関に証明してもらう仕組みにしている（現在、そのためにかかる費用として横浜市は1施設当たり20万円の補助金を出している。しかし、この補助金は指定管理料に組み込むことで指定管理者の責務として明確にすることも検討している）。

自己点検・評価の基準は、横浜市が指定管理者アンケートを踏まえて策定した。評価項目は、指定管理者と横浜市との協定や事業計画書などを具体化していき、それぞれの施設で100を超えるチェック項目を設定し、これらを40程度の評価項目にまとめ、さらに「総則、施設管理、サービス提供、地域連携、経理」のカテゴリーに分類して客観的な評価基準とした。そして、自己評価を一次評価、評価機関による評価を第二次評価として位置づけた。

評価の結果、オールAとなった指定管理者は市長名で表彰するなど、よりよい管理運営へのインセンティブも組み入れている。

この制度を導入した平成18年度は、37施設で評価を実施し、A評価

（協定書や事業計画に定める水準を上回る状態）、もしくはＢ評価（協定書や事業計画に定める水準通りの管理を実施している状態）を受けた施設が27、Ｃ評価（協定書や事業計画に定める水準通りでない、改善指導が必要な状態）を受けた施設が10という結果となった。Ｃ評価の施設でも、その内容は指定管理者の名称を掲出していないなど、すぐに改善できる程度であったので、所管部署の指導で改善することができ、指定管理者側からも「これまで気づかなかった施設の特徴や魅力、課題などが明らかになった」などという好意的な意見が寄せられたという。

　繰り返しになるが、横浜市の第三者評価制度によるモニタリングは、指定管理者のランク付けを目的としているのではない。その理由は、指定管理者の指定は議会の議決を経た行政処分とはなっているので、管理委託契約（協定）に基づいて履行確認を行うことが評価目的の第一であり、ランク付けではないことである。では、なぜA.B.Cという評価を行うのかという理由は、サービスの質の確保のために指定管理者が自ら「気づく」ための仕組みとして機能させるためである。つまり、自己評価を先行することとして、その自己評価に基づく第三者評価機関による専門的評価を行うこととして、その水準を客観的に表現するためのものとなっている。そして、「ご意見ダイヤル」を設置して、利用者である市民からの直接の意見に対しても窓口を開き、疑問や苦情などには即時に対応する態勢を用意している。

　行政機関が設置した公の施設であっても、その施設を利用するのは税金を負担している市民なので、あくまでも「市民の視点」に立って、客観的な第三者評価を行う仕組みにしているのである。

■民間評価機関による評価の普及への展望

　横浜市の実施した民間評価機関の認定・活用制度は、指定管理者制度適用の第２巡目を迎えようとしている全国の自治体にとって、大きな参考になるとともに、自治体の枠を超えた活用にも展望を開くことになることは容易に予想できる。

専門的施設は別として、地域住民の日常的な利用を想定した公の施設の管理運営は、自治体間で大きな違いはない。また、民間評価機関にとっては、評価活動の場所は特定の自治体に限定されることはない。この二点を考えると、例えば横浜市で認定した民間評価機関を、別の近隣自治体がやはり民間評価機関として認定し、その自治体の指定管理者のモニタリングに活用することができる。施設の管理運営の評価基準は、横浜市が策定したものを準用できる可能性は高く、仮に、自治体独自の基準があればそれに付け加えればよい。

　さらに、評価員や評価補助員の研修も共同化できるであろう。これによって、それぞれの自治体が独自の評価基準を一から策定をし、独自の評価員研修を行い、独自の民間評価機関の認定を行うという無駄を省くことができる。共同化に参加した自治体間で、継続的に情報交換、経験交流を行うことで、評価基準や民間評価機関の認定の質を高めることができる。この自治体間での共同が行われることになると、民間評価機関の側も、複数の自治体での業務を展開することができる。営業的にも恒常的な指定管理者の評価を安定して行うことができ、それが評価業務の質の向上に結びつくことは確実である。

　自治体の業務をアウトソーシングする際に、もっとも重視されるのが事業者選定とモニタリングである。指定管理者制度における横浜市の民間評価機関の認定と活用の試みは、このモニタリングの手法として客観的な基準を提供するとともに、このモニタリングの内容をもとに、事業者選定にも客観的な根拠を提示する可能性も示している。

　このような将来的な第三者評価制度への展望を前提に、横浜市では、平成20年度から横浜市立大学との連携によって、評価者研修の実施、評価実績の分析・調査、モニタリングの内容と効果の分析と将来展望に関して、それぞれ、横浜市立大学への研修事業委託、調査研究委託を行っている。そして、近隣自治体との連携方法の検討にも着手し始める予定である。

参考1　平成18年度　指定管理者第三者評価実施状況（横浜市）

横浜市指定管理者評価制度委員会資料（平成19年5月23日）

1　第三者評価の総括

(1)　評価結果の概要

ア　評価実施施設　37施設

（内訳）

地区センター等　13施設、地域ケアプラザ　7施設、福祉保健活動拠点　17施設

※17年度までに指定管理者による管理運営を開始した施設を中心に実施

イ　評価結果（詳細別紙〔略〕）

（ア）優良施設　16施設

※5つの視点（総則、施設管理、サービス、地域連携、経理）すべてでA評価を受けた施設

※5つの視点で評価を行うために設けた約110のチェック項目すべてで良好と評価された施設の指定管理者は次の3団体

①　白幡地区センター　（指定管理者：アクティオ株式会社）

②　踊場地区センター　（指定管理者：（財）横浜キリスト教青年会〈YMCA〉）

③　泉区福祉保健活動拠点（指定管理者：泉区社会福祉協議会）

（イ）良好施設　11施設

※5視点の評価結果がA評価又はB評価となった施設

（ウ）改善点の指摘を受けた施設　10施設

※指摘事項は評価の結果を踏まえ、施設所管課が確認を行い改善を図りました。

〈主な指摘事項〉

・館内に指定管理者名の掲示がされていなかった
・事業計画書などの公表を利用者に案内していなかった
・自主事業に関するアンケートは実施しているが施設管理に関する項目がなかった

(2)　「指定管理者第三者評価 実施証明証」の交付

　　評価結果を掲載した市長名の実施証明証を指定管理に交付します。
　　ただし、改善点の指摘を受けた施設については、指摘内容の改善報告の提出（施設所管課による確認）を受けて、C評価をB評価としたうえで「良好施設」の証明書を交付します。

(3)　評価結果の公表
　　　ア　市のホームページ
　　　　　　行政運営調整局　　　評価結果一覧表
　　　　　　施設所管課（施設）　評価結果シート
　　　イ　施設
　　　　　　評価結果シート

2 指定管理者に対する評価結果

(1) 施設種別評価状況
①地区センター等　13施設

評価	総則 （14項目）	施設・設備の 管理 （22項目）	運営及び サービスの質の 向上 （56項目）	地域・地域住民 との交流連携 （8項目）	経理 （9項目）
A	13施設（100％）	13施設（100％）	12施設（92.3％）	10施設（76.9％）	10施設（76.9％）
B				3施設（23.1％）	3施設（23.1％）
C			1施設（7.6％）		

②地域ケアプラザ　7施設

評価	総則 （20項目）	施設・設備の 管理 （27項目）	運営及び サービスの質の 向上 （84項目）	地域・地域住民 との交流連携 （21項目）	経理 （6項目）
A	6施設（85.7％）	5施設（71.4％）	6施設（85.7％）	4施設（57.1％）	3施設（42.9％）
B				1施設（14.3％）	4施設（57.1％）
C	1施設（14.3％）	2施設（28.6％）	1施設（14.3％）	2施設（28.6％）	

③福祉保健活動拠点　17施設

評価	総則 （18項目）	施設・設備の 管理 （22項目）	運営及び サービスの質の 向上 （62項目）	地域・地域住民 との交流連携 （3項目）	経理 （7項目）
A	14施設（82.3％）	17施設（100％）	10施設（58.8％）	17施設（100％）	11施設（64.7％）
B					6施設（35.3％）
C	3施設（17.7％）		7施設（41.2％）		

（2） 改善点の指摘を受けた項目（C評価項目） 10施設 22項目

①地区センター等　1施設　1項目

評価項目	指摘内容	対応状況
適切な利用情報の提供	地域の代表や利用団体代表が参加する運営委員会で事業計画書や報告書が提出されています。誰でも閲覧が可能になっていますが、今後HPへの掲載や閲覧できることを公表する等の一層の透明性の確保への工夫が望まれる。	事業報告書及び事業計画書を窓口で閲覧できる旨の張り紙を掲示した。

②地域ケアプラザ　2施設　9項目

評価項目	指摘内容	対応状況
備品の管理	当プラザ独自の備品台帳により、各備品に管理シールを貼付し、管理が行われている。横浜市から所定の書式による管理の指導があるが、所定の書式による管理が未整備のため、C評価とした。	市基準の台帳を整備。
ボランティアとの協働（2施設）	通所介護事業の趣味活動や利用者との話し相手、地域活動交流事業の講師などのボランティアや、障害児関係の事業やイベント時の学生ボランティアなどを受け入れています。今後は地域や利用者のニーズに対応したボランティアの育成のためのしくみ作りが期待される。	19年度にボランティア講座を開催し、育成。
職員の資質向上を図るための取組	内部研修は、毎月開催される事業ごとの会議の中で随時行っており、常勤・非常勤職員にかかわらず参加できる。現時点では研修計画が作成されていません。今後は研修計画を作成し、常勤・非常勤職員が計画的に研修へ参加できる体制を作ること。	今後、2ヶ月に1回程度参加できるよう各事業で職員の経験年数や知識・技術に合わせた研修計画を作成し実施する。
職員の専門技術を高めるための取組	専門職員の資質向上のため、専門家を招いての研修を開催してほしい。	
施設衛生管理業務	感染症について資料やマニュアルに基づいた定期的な研修が行われていない。	月1回の会議を利用し、国や市などの感染症マニュアル等に基づいた研修についても年2回以上行う。
サービス水準の確保	施設サービスの水準を確保するための標準的な業務マニュアルは、次年度、整備する予定となっており、今後の取り組みを期待する。	職員の意見を取り入れながら、分かりやすく明文化したものを作成する。
災害発生時の対応体制の構築	災害時の応急備蓄について、その保管場所や内容についての取り決めを行い、記録を整備してほしい。	災害時応急備蓄物資の保管場所を定め、備蓄内容、保管状態を記録する。
成年後見制度の活用	成年後見制度周知に関する啓発活動を地域住民向けに行ってほしい。	年1回以上、講演会等により啓発活動を実施する。

③福祉保健活動拠点　7施設　12項目

評価項目	指摘内容	対応状況
利用者の意見・苦情を抽出する仕組みの構築	「ご意見ダイヤル」に関わる情報提供がない。	ポスターを見えやすい場所に掲示した。
個人情報の保護（3施設）	「個人情報取扱マニュアル（平成19年2月版）」を運用しておられますが、職員個別の誓約書が取れていません。誓約書は、手続き的問題であって、システム構築の問題ではありませんので、致命的欠陥ではありませんが、早急に誓約書を取ることが必要。	職員個別の誓約書をとる。
バリアフリーへの対応（3施設）	点字パンフレットの作成や障害者用のSPコードの導入等の工夫をしてほしい。	パンフレットや利用の手引きを点字や音声訳でも作成する予定。
適切な利用情報の提供	指定管理者の名称や期間について周知されていない。	指定管理者名を明示するとともに、今後の利用情報の提供について検討中。
	指定管理者の概要は、HPに掲載されていますが、事業計画書や事業報告書は館内やHPで公表していません。今後、指定期間や青葉区保健福祉活動拠点としての事業計画書・報告書の閲覧が可能であることを館内に掲示する等して公表し、運営の透明性を高める工夫をすることが望まれる。	事業報告書及び事業計画書の閲覧が可能であることを掲示した。
サービス水準の確保	マニュアルに、窓口来客、電話応対について書かれているが利用されていない。	研修やスタッフミーティングを行い、サービスの向上に努める。
利用者アンケート調査の実施	「窓口満足度調査アンケート」を施設のサービス全体に拡大して改善が望まれる。	指定管理者が行うすべての事業について、アンケートを通年で実施することとし、窓口にアンケート回収箱を設置した。

（3）　施設における特徴的な取組事例

○インターネットを利用した「児童見守り安全マップ」などは斬新で注目に値する。

○書面や口頭で常に利用者の声をきく体制があり、その声はサービスに

反映されている。
○健康麻雀指導者の講習等に見られるように、住民のニーズに対応したユニークな企画が開催されている。
○きめ細やかなサービスと地域のための集会所という目的に沿って、利用者にとって本当に使いやすい、心のこもった運営がなされている。
○受付業務専門のボランティアグループもあり、ボランティアアドバイザーが担っている。
○ボランティアネットワーク構築が進み、ボランティア団体の活動が開始予定。
○地域住民の自主活動を積極的に支援しているため、自主事業はほとんどサークル化している。
○日頃のコミュニケーションと連絡ノートで一貫したサービス提供ができるように工夫されている。

（4） 指定管理者の評価に対する主なコメント
○これまで気が付かなかった館の特徴・魅力や問題点・課題に気づくことができた。
○1ヶ月という短い期間では充分な対応ができなかった。せっかくの機会を活かせず残念だった。
○想像以上の細部にわたった調査と適切な評価を受けた。
○指定管理者として当然果たしていなければならない業務の達成進行状況を調査確認いただいた。

（5） 評価機関の主なコメント
○最終報告日までの期日がないため、苦労した。自己評価に十分な期間が取ってもらえなかった（3機関）。
○自己評価には指定管理者内部での現状と課題の認識共有化を行う機能があると考える。
○評価機関内では確認会等を実施して評価レベルの整合化に努めた。評

○価機関によるレベル合わせなどの調整が必要と考える。
○評価機関を集めて評価項目と評価観点の意見交換を行うことが統一見解に繋がる。
○指定管理者側は評価者側の改善提案を期待されるような言動も見受けられ、評価とコンサルの違いを説明したものの、その限界は難しいものと感じている。
○評価に際して評価者側が、結果的に柔軟に対応（妥協）する傾向が強くならざるを得ない。評価者側が下位の評価に修正するのは難しい。
○新年度に向けて評価マニュアルの改訂を間に合わせてほしい。
○評価結果がまだ公表されていない。速やかな公表を望む。
○評価の受審時期を適度に按分してほしい。

（6） 今後の本市の対応

○今回の評価結果の情報を各評価機関と共有するために、事務担当者を集めた意見交換会を開催します（新しい評価機関認定後の7月中旬予定）。
○評価実施過程において、評価機関向けに回答した内容について、評価マニュアルの改訂を実施します（5月中）。
○評価結果は、本日、市長定例記者会見により公表します。
○評価時期については、来年2月までに各指定管理者が施設所管課に評価結果の提出を行うこととしており、その期間内で評価機関と指定管理者の間で実施時期を決定することとなります。

参考2　評価機関へのインタビュー

　横浜市における指定管理者第三者評価制度においては、第三者評価の対象となった指定管理者に対しては、横浜市の職員は評価には直接関与していない。したがって、横浜市は評価機関による評価の結果を公表するだけなので、この第三者評価において、実際の評価活動がどのように行われていて、どのような課題があるのかについては公表された報告は現時点ではまとめられていない。本書で中心的になっているテーマである第三者評価に関して、どのような課題があるのかについて実際に評価活動を行っている評価機関にインタビューを行った。なお、インタビューは、株式会社コモンズ21研究所の代表取締役である柳原眞理子氏に行い、内容は筆者の文責において編集をした。

> **株式会社コモンズ21研究所のプロフィール**
> 　平成13年に有限会社として設立し、平成18年から株式会社として運営（本社：横浜市磯子区）
> 　介護保険を機に福祉サービス事業者と行政、市民とをつなぐNPO法人から出発し、福祉サービス第三者評価機関として有限会社として出発した。
> 　横浜市指定管理者第三者評価制度のスタートに伴い、第三者評価機関としても活動を広げ、現在、指定管理者第三者評価者は16名、全員現役の評価又は調査員として実績があり、平成18年度は6施設、平成19年度は18施設の評価を実施している。

──コモンズ21研究所は、福祉サービスの第三者評価機関としての業務経験から、指定管理者の第三者評価機関としての活動も行っているといいますが、福祉サービスと指定管理者との評価を行う上での違いはどのようなものがあるでしょうか。

福祉サービスにおける第三者評価に関しては、平成16年5月に厚生労働省が「第三者評価基準ガイドライン」（全55細目）と施設別（保育所、児童養護施設など7種類）にそれぞれ19～34項目を示していますが、指定管理者制度における第三者評価は、まだ横浜市のみが制度化しており、評価項目数も20数項目と約三分の一というように、始まったばかりという印象です。そして、福祉サービスと違って、利用者が特定されるケースは少なく、原則的には不特定多数の住民の利用を前提にしているケースが多いので、これから評価項目が多くなり、評価の視点も施設によって大きく変わってくる可能性もあります。その意味で発展途上段階にあると言えるでしょう。また、国ではなく、自治体主導型であることも特徴です。
　また、福祉サービスは、契約制度の中で、利用者の確保を前提としており、よりよい評価は多くの利用者を「呼び込み」、福祉サービスの運営（経営）にもプラスになります。また、指定管理者は行政の施設ですが、福祉サービスの施設の多くは福祉法人の施設なので、評価がどのようなものでも、その施設の事業者が替わることはありません。指定管理者は評価が悪ければ指定期間の終了後に指定が継続しない可能性があることから、評価に対して、神経をより多く使う傾向にあります。

――横浜市の指定管理者制度における第三者評価制度は、全国的にみても初めての試みでありますが、評価を実施してみてどのような問題があったでしょうか。

　横浜市の場合は、初年度の場合、ランクづけになってしまった傾向もあったのではないでしょうか。ホームページでも項目毎のABCランクが公開されているので、事業者としては一覧表の中でC評価がついていることを気にしていました。横浜市は、B評価が基準であり、Cがついたといっても次の指定から外すことはないというスタンスですが、事業者としては福祉施設と違って、自前の施設ではないので、「首のすげ替

え」を恐れる傾向にあることも確かです。したがって、Cがあることを非常に気にしますし、Aが欲しいという意向があります。

　評価機関としても、初年度は評価が厳しかったような傾向にありました。その結果、Cが比較的多くついていましたが、自己評価を基本に評価をしていくので、自己評価がCだと、それを上回って評価することは難しいという状況もありました。さらに、C評価の部分があると、指定管理者の側の課題というよりも、Cをつける評価機関が「厳しい」からという声も聞かれました。

　評価システムの目的はそもそも厳しくするというよりも、履行確認と自己評価に基づいての「気づき」を目的としているはずです。評価もBが基準となっているので、そのあたりの理解を広げる必要があるだろうと思いました。しかし、なかなか理解してもらうのは難しいというのが印象です。

　調査機関によって評価のばらつきがないように、マニュアルが設計されていますが、実際には若干の違いが出てくることは避けられません。福祉サービスの評価では、その評価によってそれぞれの特徴が明確になり、需要に合う施設を選択するという狙いもありましたが、指定管理者の場合には、その事業者の業務内容のみが評価されることになります。

　したがって、マニュアルとそれに関するQ&Aも用意できているので、指定管理者の場合には、比較的ばらつきがないようになっていますが、それでも評価機関によって若干の違いが出てきます。評価項目によっては、一つの評価項目に30分かかることもありますが、別の評価機関では5分しかかからないことがあります。このように、判断基準がどこにあるのかという共通認識ができていないと、どうしてもばらつきが生じることになり、ばらつきがあると、ABCという評価のみに注目するようになって、「気づき」が軽視される傾向も生じる可能性があります。

　判断基準がどこにあるのかということが明確でないと、ABCにこだわるようになってしまうので、評価の目的はより良い仕事（施設の運営・管理）への「気づき」にあることを徹底する必要があります。

――実際の評価作業を行った時に、マニュアル通りにいかなかった事例はありましたか。

　例えば、設備の点検を行うという項目の場合、点検しても、点検した記録が残っていなかったとすると、点検していないということになってしまいます。点検した結果、問題がなくとも、その点検作業を行ったという記録をつけていないと、評価はＣになってしまうということがあるのです。また、植栽の管理に関しても、項目としては「植栽管理の計画があるか」となっているので、植栽管理を実際に行っていても、計画がないので低い評価になってしまう、ということもあり得ます。評価項目の表現方法で、評価が本来の主旨とは違うものになることもあるのです。
　例えば利用者の意見ボックスを置くという項目がありますが、その文言通りに意見箱を設置していないと、たとえ苦情処理要領があって、実施していても、Ｂ評価になってしまいます。この場合では、なぜＡでなかったのかをきちんと説明し、ご意見箱を設置すればＡになるという説明をしないと「気づき」になりません。「気づき」に重点を置いて、よりよい管理運営を目指すという発想を常に持たないと、単純なランク付けのＡＢＣになってしまうこともあります。
　ある地区センターで予算が余って図書を購入したことがあります。その一方で、定められた月に一回の、非常勤の方も含めた定例会議を開くために、時間外の人件費がかかるので、全員の打ち合わせは２か月に一度という事例がありました。その結果、Ｂ評価になったのですが、余った予算を図書購入ではなく、非常勤の方の時間外手当に回すこともできました。余った予算で図書を購入することは、市役所も予定していないし、評価項目にもないことなので、全員出席の定例会議を確実に行う方が、適切な管理運営にとってはプラスになるのではないかと考えられます。このあたりの判断は、評価マニュアルを表面的に判断するのではなく、より質の高い管理運営のあり方を目指すという目的意識がないと難

しいのです。

——ABCという評価をつけることに関して、指定管理者が必要以上にA評価にこだわるということがあると聞きますが、どうでしょうか。

　この評価システムが実施された最初の年に、オールAをとった指定管理者を市長表彰するということがありました。それはそれとして意義のあることでしたが、オールAをとることが目的となってしまった傾向があったことも事実です。オールAというのは、標準的な基準であるBを全ての項目で超えるということですが、形式的にでもオールAを目指す傾向があることは確かです。

　この評価制度が始まったばかりの時は、ある項目にCという評価を受けると、指定管理期間の間はずっとCのままなのかという文句がくることがありました。そうだとすれば、C評価をつける評価機関は使いたくないというような対応があったのです。これはABCの数にのみ関心が向くという傾向の事例でした。Cといってもいろいろあって、施設の目的を掲示するという項目で、掲示を怠っていただけの問題の場合は、掲示すればC評価は改善することになります。

　したがって、評価項目がどのような運営を目指しているのかという方向性を解説する作業が必要になります。また、このような管理を目指すという全体像も含めた項目を整理する必要もあると考えられます。

　自己評価を行った後に訪問調査を行うのですが、その時点で自己評価を再度チェックしてから提出するという方法もあるのかもしれません。評価機関は、複数の指定管理者についての評価を行いますので、評価の目的や内容への理解もあるのですが、指定管理者は自己評価を指定期間内に最低1回行うだけですから、日常の業務に追われながら、評価を考えるという状況なので、どうしても「完全に理解した上で評価を行う」態勢にはないというギャップもあると考えられます。

――評価と同時に、経営コンサルタントの仕事にもつながる傾向があるといいますが。

　コンサルというハッキリとした形態はとっていません。しかし、評価を行うと、当然のことながら、どのような管理運営が良いのかという相談はあります。

　評価を実際に行うと、A評価とはいっても100％ではなく、80％位の状況というものもあります。利用者へのサービス提供を考えると、とっても良くできているAと、Bに近いAというものがあるのです。そこで、Aダッシュという評価が必要になる場合もあるというのが実感です。つまり、利用者のサービス上の課題として考える必要があるのです。

　形式的なことであれば、先ほどの事例のように毎月、全てのスタッフが集まってのミーティングを行っていればAですが、非常勤の嘱託職員は隔月に参加するということになると、B評価となります。毎月参加するには、それなりの人件費がかかりますから、どちらをとるのかという判断になるかもしれません。全員参加のミーティングに関しての評価はAないしはBですが、Bでも最低基準は満たしていることになりますので、それを伝える必要もあります。

　また、地区センターなどで、子どもさんのためにベビーチェアがあると一緒に食事ができるとか、ソファでお子様の世話をすることがある場合に、中古でもベビーベッドがあれば安全で便利になるということもあります。このあたりは、マニュアルに書いていませんし、実施してもA評価になるということはありません。でも利用者の視点からは、あった方がよいサービスですから、アドバイスをします。それがコンサルタントということになるのでしょう。当然、このようなアドバイスは無料で行っています。福祉サービスだと利用者の獲得という面もあるし、利用料金も収入としてそれなりの金額になるが、市民利用施設となると、利用者を獲得しても自分たちの収入が増えるわけではないし、たとえ料金をとっても金額的には非常に低いので、利用者が気持ちよく過ごすため

というサービスの観点がなければ、質の向上は難しいのです。

　市民利用施設に関しては、PDCAという観点を持っている事業者は、まだ少ない段階です。指定管理者の場合には、3年から5年の契約（指定）更新があるので、ABCという評価にも関心を持ってくれているのが現状です。関心を持ってくれれば、マニュアルをもとに、自己評価と訪問調査の間には、3か月くらいあるので、「改善」を図っていただけるような努力（アドバイス）はしています。

　評価もアドバイスも、営利企業として行うというのは、難しいと思います。会社の形態をとっていても、実際の評価活動は非営利的です。横浜市でも評価機関の集まりがありますが、その中でも、どこまでが評価でどこからがアドバイス（コンサルティング）なのかは、なかなか線引きが難しいという話が出ます。コンサルティングとして収益に結びつくことは難しいからでしょう。

　NPOとしては、公共的な仕事として「稼ぐ」ことは難しいが、そのノウハウを生かして会社を立ち上げ、そこの「稼ぎ」をNPOの活動に振り分けるというような工夫も必要になるかもしれません。それでも、第三者評価が、それなりの専門的な事業として成り立っていくことも重要だと考えています。ボランティアで評価を行うことは難しいし、また、その逆に、評価事業によって儲けようと考えると、評価そのものの信頼性が失われる危険性もあります。

――現段階での第三者評価制度の課題はどのようなものでしょう。

　とにかく、現段階では評価という行為にばらつきが大きいという段階です。先ほども話に出ましたが、私たちの機関で、30分かかるような評価項目でも、別の評価機関は5分で終わってしまうこともあります。

　また、評価のばらつきはもちろんですが、評価項目にも施設別に異なっている場合があります。個人情報の管理に関しても、ケアプラザだけがパソコン管理（パスワードロック）をしているかどうかの項目がない

のです。どうしてなのかと聞くと、市役所のケアプラザの管理担当部署が、ケアプラザにはいつも人がいるので、評価項目として設定しなくとも管理ができるという判断をしたとのことでした。人がいるかどうかというよりも、特にケアプラザのように介護状況などが含まれた個人情報を扱うところは、パソコンの管理を徹底することは必要だと考えています。しかし、担当部署の議論によって、考え方が違っていると、施設毎に微妙にチェック項目が違ってくることがあります。複数のタイプの施設の評価を担当すると、その違いが分かりますが、市役所サイドはそれぞれの部局毎に評価項目を決めるので、その間をつなぐ意味で、指定管理者との話し合いをもとに、評価機関として意見を伝える必要があると思います。

　改善シートの表現にも工夫が必要です。項目によっても、例えば、施設の目的を掲示できていない場合はすぐに掲示するという対応が可能ですが、サービスそのものの改善が必要な場合には、それ相当の時間がかかることになります。指定管理者と評価機関との「対話」が重要となるのです。

　私達の会社では、改善点確認シートというものも独自に用意しています。評価報告書とは別に、「弱み」をピックアップして、改善確認シートを作成すれば、課題の部分だけは、目次を立てて、分かりやすく改善をした方が良いという項目を伝えることができます。このオリジナルな改善点確認シートは、評価シートとは別に作成していますが、これは結構役に立っているという自負があります。表面的なABCが気になるのは仕方がないが、そればかりだと問題になるので、このようなシートが質の向上を考えるという意味では役に立つのです。

　また、評価員による評価は、複数で行うことは決められていますが、二人以上の合議で評価を行うので、もう少し、評価員の組合せを考える必要もあります。同じ法人の複数施設の場合は、それぞれの評価を行う場合に、評価員の一人は共通していた方が良い場合があります。さらに、かつて同じ施設に勤務した経験がある評価員の場合には、特に配慮が必

要です。同業の経験を持っている場合に、実態を分かりすぎて評価が甘くなったり、逆のケースとして自分の経験上から評価が厳しくなることもあります。しかし経験は生かせるので、全く違うキャリアを持っている評価員と組み合わせることが重要です。

　評価には非常に手間がかかるということも、認識する必要があるでしょう。

　事前の説明に伺い、2時間の場合もありますが、3日間に及ぶこともあります。管理者との話と、スタッフも交えた話とを分ける場合もあります。評価はどのようなものか、その目的も含めてじっくりと説明をします。これは、代表の私が行いますが、そのかわり、実際の評価は行わないようにしています。評価の趣旨を説明し、自己評価をどのように行い、評価機関の訪問調査をどのように受けるのかということを十分に説明します。

　また、評価結果を伝える時には、説明者と評価者とで伺い、少し時間をかけて、評価書の内容と結果の説明を行います。なぜ、このような評価になるのか、この点を今後気をつけた方がより良くなりますよ、というようなアドバイスをしています。

――横浜市の第三者評価制度が他の自治体に広がる可能性はありますか。

　横浜市で行っている第三者評価が周辺自治体にも広がっていけば、自治体による施設の違いや管理運営の手法の違いなどを経験の蓄積によって客観的に分析しながら、よりよい公の施設の管理運営に役立てていけると考えられます。自治体毎に違うといっても、地域住民の利用する施設には大きな違いはありません。

　福祉施設の場合には、第三者評価は、介護保険制度のもとでの利用者契約の重要な判断材料になるという側面があります。つまり、良い評価を得た施設には、多くの利用者が集まることになり、経営的にもプラス

になります。もちろん、サービス水準に自信を持っているところなら、第三者評価を受けなくとも良いのです。しかし、指定管理者の場合は、公的な施設だけなので、評価（モニタリング）を受けることが義務づけられることになります。横浜市の場合には、現在は、第三者評価を受ける場合には、指定管理者に対して、20万円の評価費用を補助することにしています。

　この20万円を前提にすると、20か所で400万円となり、評価活動が一定の事業として成り立つ基盤ができることになります。現在は、そのようなある意味での「ビジネスモデル」にはなっていないので、会社からNPOまで、いろいろな評価機関がありますし、何と言っても評価手法も確立されているとは言えない段階です。しかし、経験を積み重ねることによって、評価手法、マニュアルは適切なものになり、評価機関もその行った評価結果によって評価されるというようになるでしょう。現在でも施設における指定管理者の評価は公表され、その評価をした評価機関の名前も公表されています。評価認証機関ができれば、これらのデータをもとにして、よりよい評価手法を研究開発するでしょうし、評価機関の認定も客観的で質の高い水準が要求されるようになるでしょう。

　指定管理者に対する評価というものが質の向上を第一目的とすることが分かってくれば、単なる経費削減の手段として捉えることも少なくなるでしょう。

参考3　コモンズ21研究所の評価説明資料（横浜市指定管理者第三者評価）

当評価機関の理念

★第4セクター（Non Profit Company）として福祉・市民のサービスの質の向上を図ります。

当評価機関の方針

★指定管理者の個性や特性を大切にし、明日につながる評価をめざします。
★市民性と専門性の両面の視点をもって、評価いたします。
★各施設の特徴的基本事項を確認してから、評価に伺います。
★「守秘義務及び倫理に関する規程」「個人情報保護規程」を遵守します。

当機関評価者の特徴

◆全員現役の評価又は調査員で、実績があります！
　福祉サービス第三者評価調査員（高齢・保育・障害）・GH（グループホーム）外部評価調査員・介護情報公表調査員がいます。

◆利用者の視点で！
　地区センター、老人福祉センター、福祉保健活動拠点、地域ケアプラザ等を日常的に利用しています。

◆施設業務経験者も！
　元地区センター指導員・元地域ケアプラザサブコーディネーター・元こどもログハウススタッフがいます。

◆専門資格もあります！
　介護福祉士・ケアマネジャー・保育士・福祉住環境コーディネーター２級の資格があります。

指定管理者第三者評価の目的

　横浜市では、公の施設としての管理水準のより一層の維持向上を図るため、指定管理者が行っている施設運営について、客観的な第三者による点検評価を実施します。

　指定管理者がこうした第三者評価を積極的に活用することを通じて、さらなる業務改善への取組（PDCAサイクルの確立）を行い、自らがサービスの向上に努めていくことを目的とします。

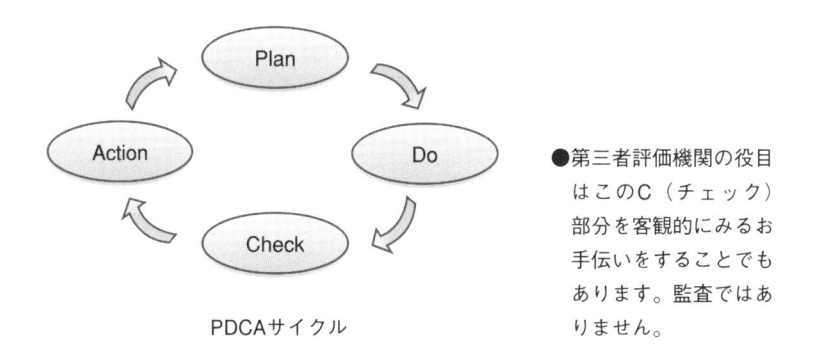

PDCAサイクル

●第三者評価機関の役目はこのC（チェック）部分を客観的にみるお手伝いをすることでもあります。監査ではありません。

指定管理者第三者評価の活用法

　第三者評価は『指定管理者による自己評価』と「評価機関による第三者評価」からなっています。

★自己評価からの気づき
　評価シートの項目に従い、職員の合議により、自己評価をし、そのプロセスから気づきが生まれます。B評価が横浜市の標準的基準となっています。

★第三者の目からの気づき
　利用者の視点も踏まえ、第三者の目から評価基準に沿ってサービス提供状況を客観的に検証し、状況を確認し、報告書にまとめます。

★相違点からの気づき
　自己評価と第三者の目からの評価の相違点を比較することにより、自らのサービスを再度検証します。

★公表情報からの気づき
　公表された他指定管理者の評価結果から参考になる点を探し、自らの施設に合うよう独自の工夫をします。

指定管理者第三者評価の実施日程

日　程	内　　容
0週目	契約締結
1～2週目	自己評価の実施
3週目	自己評価結果および事前書類の提出
3～4週目	評価機関による事前分析作業
5週目	訪問調査（施設見学、ヒアリング、書類確認等）
5～7週目	評価機関による調査結果とりまとめ作業
8週目	評価結果受理
9週目	コメント提出、修正の要請
9週目	評価機関による最終評価結果の決定作業
10週目	最終評価結果の確定
10週目以降	第三者評価結果を横浜市へ報告・自己開示

評価機関による第三者評価

目的
　第三者評価は、指定管理者の日々の取組を利用者の視点にたった第三者の目から客観的に検証し、評価基準に沿って状況を確認することを目

的としてします。各施設で工夫されている「いいところ」を見つけるプラス思考の評価を心がけていきます。

実施方法

　評価員2名（1名は評価補助員の場合もあります）が提出された自己評価と資料により事前分析を行い、その結果を踏まえて訪問調査に伺います。現場観察、ヒアリング、書類閲覧等の手法で施設の運営状況を確認し、横浜市指定の報告書にまとめます。

お願い

① 必要な書類の一覧表をお届けしますので、それにより事前書類の提出をお願いいたします。
② 自己評価の根拠となる各種書類を訪問調査時に閲覧させていただきますので、ご用意をお願いいたします。
③ 書類確認・ヒアリング調査の場所の確保をお願いします。
④ 訪問当日に利用されている部屋の見学や個人情報を含む記録の閲覧については、事前に利用者の了承を得ていただきますようお願いいたします。
⑤ 職員ヒアリングにご協力をお願いします。
　・項目により担当者へのヒアリングを希望する場合があります。
　・施設内見学時にその場の担当の方へ2～3分程度のお話をうかがうことがあります。

参考4　ご意見ダイヤルの概要（横浜市）

　市民利用施設では、指定管理者制度の導入により、今後、民間企業やNPOなど公共的団体以外による公共施設の管理運営が行われるケースが増加していくことが見込まれます。施設の管理運営主体の多様化により、民間のノウハウが活用され、市民サービスの向上が期待される一方、公共施設の管理運営には、個人情報保護や公平性の確保などが担保される必要があります。

　横浜市では、約3,000施設の市民利用施設について、利用者の皆さんからのご意見等をお寄せいただく専用電話を開設することで、このような状況に対応する仕組みとし、より一層の運営改善、サービス向上を図ってまいります。

　利用者の皆さんの「声」がダイレクトに横浜市に伝わることによって、市民のみなさんから市民利用施設の運営を任されているという緊張感を市も運営主体もより強くもって、これまで以上に、利用者の立場に立った施設運営を図り、より適正な指定管理者制度の運用に努めていきます。

　ご意見の受付は、専用の電話（045－664－1122）で対応します（「横浜市コールセンター」内に設置）。ご意見の受付は、休日を含む、午前8時から午後9時まで行います。いただいたご意見は施設所管課に伝え、適切に対応します。

〈対応事例〉

南区の地区センターの対応について納得できない
受付年月日　　　　平成19年6月25日
施設の所管区局課　南区地域振興課（電話045－743－8194）
施設の名称（施設の管理者等）　　　南区内地区センター（南区区民利用施設協会）

〈ご意見（お問い合わせ内容）〉

A地区センターに団体登録をして地域の方々にバレーを教えているが、B地区センターでは団体登録さえ受け付けてもらえなかった。同じ南区内であるにもかかわらず、地区センターによって対応の違いがあるのはおかしいのではないか。

〈ご回答〉

　地区センターでは、現在、地域の方々に対して地域交流の場を提供するという趣旨から、特定の個人の方が施設を使用して有料の「教室」等開催している場合は利用をお断りしております。今回の件はバレー教室を開催している講師の方が会議室を利用したいという申込みであったため、お断りをしました。

　A地区センターで団体登録できたという点については、活動内容の聞き取りが十分でなかったものと思われるため、登録受付の際に、ご利用内容を詳しくお聞きし、適正な地区センターの利用の徹底、施設間での対応に違いが出ないようにする旨職員に周知いたしました。

野庭地区センターの自習室のエアコン設定温度が低過ぎる

受付年月日　　　平成19年8月7日
施設の所管区局課　港南区地域振興課（電話045－847－8394）
施設の名称（施設の管理者等）　　　野庭地区センター（港南区区民利用施設協会）

〈ご意見（お問い合わせ内容）〉

　野庭地区センターの自習室のエアコン設定温度が低過ぎる。職員が適正な温度に設定してくれても、利用者が勝手にエアコン設定を20.5度位に下げてしまう。エアコンの温度設定は、利用者ではなく職員に申し出て変更してもらうよう、張り紙などで表示を行ってほしい。

〈ご回答〉

　自習室の部屋の空調の調整部分に、温度設定を変更される場合は職員に連絡していただくようお願いする内容の貼り紙を掲示しました。

都筑区山崎公園プール職員へのご意見

受付年月日　　　平成19年8月3日

施設の所管区局課　環境創造局水・緑管理課（電話045－671－2643）

施設の名称（施設の管理者等）　　　山崎公園プール（横浜市緑の協会）

〈ご意見（お問い合わせ内容）〉

　昨日、都筑区山崎公園プールの更衣室に騒がしいグループがいた。周囲の人に非常に迷惑であったので、注意するよう職員に伝えたが、職員は注意してくれなかった。職務態度を改善するよう、担当者に伝えてほしい。

〈ご回答〉

　騒がしいグループへ注意を行おうとしたところ、連絡がうまくいかず、現場到着時にはグループは退場していたので注意できませんでした。これを受け、内部の連絡体制を再度確認するとともに、従業員全員に対し、他のお客様の迷惑になる行為に対しては注意を行うこととしました。

第4章 指定管理者の第三者評価制度の発展の可能性

1 なぜ第三者評価が注目されるのか

■ 福祉サービス第三者評価がモデルに

　第3章で紹介したように、横浜市の指定管理者制度における第三者評価制度が注目されている。横浜市では、指定管理者制度を導入している施設（約900施設）のうち、約150施設で指定管理者に対する第三者評価を行っており、その評価を担当する第三者評価機関を、23機関を認定し、その評価機関に所属する評価員として133名、評価補助員として96名を登録している（平成20年4月現在）。また、この制度に近い事例として、盛岡市でも平成19年度に評価機関が選定され、第三者評価が実施された（平成19年度はNPOである1機関が選定され77施設の第三者評価を実施）。

　第三者評価制度が導入されているのは、市民生活に密着した比較的小規模の施設の指定管理者に対してであり、専門的な、あるいは規模の大きな施設に関しては、横浜市が設置する有識者で構成される「評価委員会」での評価となっているのは、すでに述べたとおりである。

　横浜市で、第三者評価制度が検討され、実施されたのは、約900という膨大な数の公の施設の指定管理者に対して、行政が設置する「評価委員会」で一つ一つ評価を実施することは、時間的にもコスト的にも困難であることに起因している。

　例えば、「評価委員会」のメンバーとして行政機関の職員以外の学識経験者等を選考し委嘱する、委員全員の日程を調整して委員会を開催する、座長を決め、対象施設と評価手法の概要を説明し、議事の進行の方

向を示す、さらに、資料作成の前提として、指定管理者に評価制度の概要を説明し、自己評価を先行実施するように依頼し、その自己評価をもとに訪問調査を行い、評価結果をまとめて、改善すべき項目は伝えて改善を指示する必要がある。これらの作業に関して指定管理者制度を導入した全ての施設について行うことを考えれば、要する時間を、従事する職員の給与、委員の謝金や拘束時間コストに換算すれば、一施設あたり数十万円以上のコストがかかることは容易に理解できる。

　また、指定管理者の中には役所の外郭団体や関連団体も含まれることから、行政機関が行う評価に対して有識者の選定も含めて「身内の評価ではないか」というようなイメージを持たれる可能性も生じることから、第三者評価機関による評価であれば、客観性が担保される可能性が高いことも理由として挙げられる。

　このような状況で導入された第三者評価制度であるが、短期間に制度の骨子が固まった背景には、すでに全国的に展開されている福祉サービス第三者評価システムがモデルとして存在していたことがある。

　モデルとなった福祉施設に関する第三者評価システムは、指定管理者制度がスタートした平成15年度から、東京都で本格実施された。東京都では、平成11年度から内部検討を始め、平成14年4月には、福祉サービス第三者評価システムを支える中立的機関として「認証・公表委員会」、「評価・研究委員会」の二つの外部委員会からなる「東京都福祉サービス評価推進機構」を設置した。この推進機構が、第三者評価を実施する評価機関の認証要件の策定、評価機関に実施を義務づけるサービス種別毎の共通の評価項目の策定、評価者養成講習の実施、評価機関の認証等を順次実施したのである。そして、平成14年の試行を経て平成15年4月から、特別養護老人ホーム、認知症高齢者グループホーム、障害者施設、認可・認証保育所、訪問介護等35のサービスについて、第三者評価制度の本格実施を開始し、平成15年度中には665の事業所において第三者評価が実施された。平成17年3月1日現在の評価機関数は130、養成評価者数は1,249名となっている。その後、全国の主要自治体で実施されて

いるが、一つの特徴は、国（福祉行政を担当する厚生労働省や地方行政を担当する総務省など）の主導で行われたというよりは、東京都をはじめとする自治体の主導でシステムがデザインされ、実施されたことにある（その後、厚生労働省は平成16年8月に第三者評価に関するガイドラインを策定して、都道府県あてに通知した）。

　この福祉サービス第三者評価は、介護保険制度の導入によって生じた「質の保証」に関する評価制度である。自治体主導で制度設計がなされた一番の理由は、介護保険制度のもとで、多くの福祉サービス事業者が誕生し、利用者がそのサービス事業者を選定する際に参考となる客観的な評価、すなわち事業者側でもなく、利用者側でもない、第三者の評価を提供するという発想があったからである。さまざまな種類の福祉サービスに関して、現場に密着し、地域の状況を反映した介護保険制度の実施状況に基づく評価が必要な時に、縦割りの国の行政機関が、それぞれのサービスの特性を踏まえた上で、効果的な評価を行う仕組みをつくり、利用者の地域住民にとって必要で十分な情報提供ができる可能性は低く、地域特性や住民の意向を柔軟に取り入れる自治体がこの制度設計に当たったことで、スムースな評価制度の運営ができている（平成16年の国の第三者評価基準ガイドラインにしても、都道府県はそれぞれの状況に応じて、必要な修正を行うことは容認されている）。

■介護保険制度によって利用者主体の制度設計に

　歴史的には「救貧対策」を主軸として、「官」が独占し、事業主体にもなっていた福祉施策・事業が、介護保険制度という民間事業主体のシステムに転換したのは平成12年であった。これによって、制度設計・維持管理、要介護度認定、事業者管理は「官」が担当しつつも、さまざまな福祉メニューは、民間事業者が事業主体となって提供することが基本となった。

　福祉行政は、行政がその必要性を判断し、かつ提供する「措置行政」から、福祉サービスにおいては契約によって提供される「契約制度」に

変わったのである。

このような時代背景のもとで、東京都の「福祉サービス第三者評価システム検討会報告書」(平成14年3月)では、第三者評価システムの背景と意義に関して、次の4点で説明している。

① 福祉サービスの利用者の多様なニーズに的確に対応していくためには、福祉サービスを提供するしくみを、利用者がそれぞれの生活実態に即して必要なサービスを享受することができるよう、利用者指向の「開かれた福祉」のシステムに変えていかなければならない。

② そのためには、福祉サービスの分野に企業やNPOなど多様な提供主体の新規参入を促し、「競い合い」を通じた質の高い多様なサービスを十分に提供できるようにするとともに、利用者一人ひとりが、ニーズにあったサービスを安心して自らの責任で選択し利用できるようにするための利用者支援のしくみをつくり、真の意味での利用者本位の福祉を実現する必要がある。

③ 利用者支援のためには、利用者が安心してサービスを「選択」できるしくみとして、第三者による福祉サービスの評価システム、総合的な情報提供のしくみ、成年後見制度や福祉サービス利用援助事業など契約支援のしくみ、苦情や権利侵害への対応のしくみなどを構築しなければならない。

④ その中で、第三者による福祉サービスの評価の目的は、その評価結果や福祉サービスの利用に関わるさまざまな情報を幅広く利用者や事業者に情報提供するしくみをつくることにより、サービスの内容を利用者に見えるものとし、利用者が安心してサービスを選択できるようにするとともに、サービス提供事業者の競い合いを促進させ、サービスの質の向上に向けた事業者の取り組みを促していくことにある。サービスの質の向上に向けた取り組みとは、「利用者本位のサービス提供の実現に向けた取り組み」を意味するものである。

このような背景と意義についての説明に続けて、第三者評価システムをあらたに制度化する意義について、「これまで、法律等に基づいて、

理事、評議員、財務諸表等サービス提供事業者の組織運営や経営に関する情報、職員体制などのサービス提供者に関する情報、建物や設備に関する情報などは公表されている。しかし、それらは、事業者に関する基本的・外形的な情報が主であり、サービスの内容や質を把握するには十分でない。また、事業者で行われている自己点検、自己評価や、既に先駆的な自治体やNPO等が行っている第三者サービス評価は、サービス・質の向上に役立っているという側面はあるが、内部の業務の点検が主な目的で、評価方法や項目が事業者や評価機関毎に異なり、共通の尺度がないため、他事業者と比較可能な評価としては不十分なのが現状である」としつつ、制度化の目的について「利用者本位の福祉の実現のために、さまざまな事業者が行う福祉サービスの内容や質を相互に比較可能な情報とし、利用者や事業者に情報提供することを通じて、利用者の選択に資するとともにサービスの質の向上に向けた事業者の取り組みを促すことにある」と明確に述べている。複数の施設から利用施設を選択する利用者にとっては、必要十分な評価情報を必要であることは明白である。

■指定管理者制度における第三者評価の定義・目的

　福祉サービスの場合は、在宅介護サービスなど、施設サービスに限定されないことと、それぞれのサービス利用者は、同じサービスを提供する複数の福祉サービス提供事業者から選定し、契約をして、サービスを受けることが特徴であり、これは、指定管理者制度の対象となる地域の公の施設の利用とは違ったサービス事業の性格を持っている。また、特別養護老人ホームなどの福祉施設におけるサービスでは、サービス提供者である福祉法人がその施設を所有しているケースが多いことも指定管理者制度とは違っている。つまり、どのような評価結果であっても、その施設におけるサービス提供は、事業停止処分がされない以上は継続できるのである。

　これに対して、指定管理者は、地域住民が利用する公の施設の管理運

営を、議会の議決を経て、指定されるので、施設を直接所有していることはない。つまり、法令違反やそれに匹敵するような問題がなくとも、別の指定管理者とのサービス水準の「競争」に敗れた場合には、サービス提供の継続ができなくなるのである。

　指定管理者の場合には、指定する自治体が、その指定行為の客観性担保、説明責任のために評価を行い、それを公表する側面を持っていることにもなる。したがって、その評価が悪い場合には、指定期間終了後にあらたな指定管理者の選定に際して、不利に働き、場合によっては指定管理者から外される可能性がある。第三者機関による評価は、評価の客観性、透明性を意味するので、指定管理者としては、その評価の結果に敏感になり、評価機関の選定に当たっても、良い評価をしてくれる評価機関を選定しようとする傾向が生じる可能性があることも確かである。

　したがって、指定管理者制度における第三者評価の定義としては、「公の施設の指定管理者でも、利用者でもない、第三者性を有する機関（評価機関）が、その施設の設置自治体、指定管理者、利用者に対する訪問・ヒアリング・アンケートなどによる調査に基づき、指定管理者の提供する管理運営サービスの質を客観的な立場から総合的に評価する」、ということになる。

　そして、その目的は、
① 　公の施設における管理運営サービスの質の向上
② 　①を実現するために、指定管理者による自己評価を基礎に、第三者評価を行い、その結果を公表することによって、指定管理者の「気づき」による質の向上を目指す

ということになる。

　いたずらにランキングすることは避けなければならない。目的を「気づき」による「質の向上」としているのは、第三者評価が権威づけや格付け（ランク付け）になってしまう傾向があるので、それを避けることを明確にするためでもある。「評価のための評価」や「評価結果が出たら終わり」ではなく、第三者評価を通じて、事業者が自らのサービスの

改善すべき点や優れている点に気づき、一層の質の向上につなげていくことが重要となっている。単純な価格競争であったならば、結果的にはその施設利用に関するサービスが低下し、施設の有効利用に結びつかなくなる危険性がある。

　これは、指定管理者制度そのものの目的が、単なる「経費削減」ではなく、公の施設を最大限に活用することでサービスの質を高めるとともに、効率的な管理運営を行うということと密接にリンクしている。行政機関側からは「経費削減効果」が期待されているのが指定管理者制度であるが、第三者評価を組み込むことで、「質の向上」という本来の目的への視点を明確にしていくことができる。

▊第三者評価の必然性

　公の施設の管理運営にとって、もっとも大切なことは、地域住民の税金で建設・運営されている施設を安全、安心な環境のもとで最大限に活用することにある。しかしながら、コスト削減と、安全性にのみ注目すれば、その施設を閉鎖することがもっとも効果的な解決方法となる、と結論することもできるだろう。従来の行政機関による管理運営は、ややもすると施設や備品を傷つけず、きれいなままの状態を維持し、事故等がなく、苦情を言われることもないことが最善であると認識される傾向があった。また、施設の減価償却や人件費という固定費用が認識できにくい公会計制度のもとでは、施設を閉鎖すれば、事業費は予算要求する必要がなくなるので、表面的にはコスト削減を達成したようにみえることがある。

　しかしながら、地域住民の税金で建設され、運営される公の施設は、利用者の満足を前提に最大限に活用されなければならないのである。これは表面的な運営経費のみに注目するのではなく、減価償却や起債の償還、間接部署の人件費も含めたトータルなコストを考えれば、当然の視点である。最大限に活用できているかどうかは、設置した行政機関よりも、第三者機関による評価の方が客観的な評価として認識されることが

多い。その第三者機関が評価事例を積み上げて、評価手法や実績において十分な経験と知識を持てば、専門性も高まることは自然であり、指定管理者に対しての「気づき」に結びつく。

　先行している、第三者による福祉サービスの評価システムの目的は、利用者本位の福祉の実現のために、さまざまな事業者が行う福祉サービスの内容や質を相互に比較可能な情報とし、利用者や事業者に情報提供することを通じて、利用者の選択に資するとともにサービスの質の向上に向けた事業者の取り組みを促す手法として定着しつつある。指定管理者制度においても、第三者評価システムを軸に、「質の向上」と「効率性」の両方を実現する可能性がみえるのである。

■第三者評価制度による専門的評価の実現

　すでに幅広く多くの自治体で普及している福祉施設の第三者評価と横浜市における指定管理者制度における第三者評価の実績により、指定管理者制度における第三者評価も多くの自治体で実施される可能性がある。

　まず第一に、市民すなわち利用者の視点に立った客観的な評価という信頼感が確保できる。行政機関による恣意的、ないしは「手前味噌的」な評価ではなく、一定の専門性を持った評価機関による評価ということで、評価結果の説明にも説得力が伴う。

　次に、評価に伴うコストの削減ができる。指定管理者制度は、議会の議決が伴うので、その評価も当然に議会に提出されることになる。客観的な評価とするためには、個別施設毎に「評価委員会」による評価が必要となるが、これは、行政機関の他の「委員会」とは違って、指定管理者の自己評価をもとに、施設を訪問し、評価を行わなければ「委員会」に提出する評価書が用意できない点で多くのコストを要する。

　さらに、専門的な評価が得られることになる。評価経験を積んだ第三者評価機関は、評価を繰り返すことで、地域の実情に応じた専門的な評価スキルが高まることになり、行政機関の担当者が仕事の合間に評価を

行うことに比較したら、専門性が高まることは明白である。

このような、客観的、専門的な評価が行われる可能性が高まるとともに、専門性を高めた評価機関は、他の自治体の指定管理者に対する評価もできることになり、評価件数が多くなるにしたがって、また、受け取る「評価料」によって、評価機関としての自立した「経営」ができる可能性も広がるのである。現在、横浜市における指定管理者の評価は、市役所からの1施設あたり20万円の補助金が指定管理者を通じて、評価機関に支払われる仕組みになっている。指定管理者制度には評価が義務づけられているので、施設の設置自治体が指定管理者に評価料相当額を補助するか、指定管理料（委託料）に必要経費として上乗せで支払うこともできる。いずれにしても、第三者評価機関には、一つの指定管理者の評価を行うことによって、20万円の収入が保障され、この評価を年間20件程度なら時間的にも余裕を持って行うことができ、合計で400万円の収入も可能となる。この400万円という金額が収入として保障されれば、施設の運営管理の経験者であるリタイア層の評価者であれば、それなりの収入として、年金も合わせれば生計を成り立たせることもできる。自治体職員、建築・設備関係事業者、財務・監査関係者、サービス事業経験者にとっては、退職後にその経験をライフスタイルに合わせて活用できる職域を開拓することにもつながるだろう。

■■第三者評価の認証機関の必要性

第三者評価が一定程度の広がりをみせることができると、その評価の客観性を担保するために、評価に関する認証機関が必要となってくる。つまり、指定管理者制度に関する専門的な評価に関して、その合理性、専門性を客観的な基準等で標準化する必要が出てくるからである。自治体には、さまざまな施設が存在し、共通の評価項目と特定の施設に固有な特殊性を反映した評価項目とがあることに加え、同じような施設でも、自治体によってさまざまな経緯の中で、その歴史的に積み上げてきた特色を持っていることもあり、画一的な評価項目と評価基準では、第

三者評価の客観性を確保できなくなる可能性がある。そのために、評価機関が相互にそのノウハウを経験交流し、より汎用的に、より特殊性に対応できる評価手法、評価項目、評価基準を研究し、実際の評価に反映させるための評価認証機関の設立が必要となる。

　この第三者評価のための認証機関の設立のためには、大学の機能を活用することが便利である。平成20年度から、横浜市では公立大学法人となった横浜市立大学との協働で第三者評価における評価者研修を行うこととなった。この研修は、横浜市における指定管理者制度を導入している施設の概要と評価項目、基準を明記した評価マニュアルを説明するとともに、横浜市内の市民利用施設での評価実習、そして、研修内容に関する試験（効果測定）で構成されている。この研修を受けて、効果測定に合格した者は、横浜市から指定管理者制度における「評価員」として認定される（効果測定で合格できなかった者は、研修を受けたことを前提に、「評価補助員」として認定される）。

　前にも述べたが、横浜市における第三者評価機関は、この評価員を2名以上確保していることが、認定される条件の一つとなっている。そして、実際の評価に当たっては、2名の評価員（うち1名は評価補助者でも良い）の合議で行うこととなっている。

　大学では、正規の授業の他に、公開講座も実施しているが、この公開講座を専門的な内容で資格認定の講座として展開すれば、一定の体系性と継続性が確保されるので、評価員の認定講座としても活用できる。さらに、評価の手法（評価項目、評価基準など）とその結果についての分析と改善点についての研究も大学に対して委託することもできる。

　特定の一つの大学でなくとも、あるいは、評価を専門にしている教員が少ない場合でも、複数の大学の連携（コンソーシアム）で対応することもできる。

　大学の研究機能と教育機能を最大限に活用することで、自治体における指定管理者制度のモニタリングを担う評価員の養成を行うことができることが広い範囲で認識されれば、複数の自治体が共同で、大学に対し

て評価手法の検討と評価員の研修を委託することもできる。これによって、評価の専門性と客観性はますます高まることになるであろう。

■公の施設の管理運営の専門化にも発展する可能性

　例えば、公共図書館を例にとると、人口20万程度の自治体では公共図書館の設置は一つだけという事例が多い。この公共図書館を直営で運営する前提は、その自治体の職員（公務員）としての司書を雇用し、業務に従事させることになる。しかし、この規模の公共図書館では、正規の公務員である司書は数名の場合が多い。この数名が一旦採用されたら定年まで、司書という専門職種であることによって、同一職場で30年以上を過ごす可能性が出てくる。全体でも10名程度の職場で、数名が30年間毎日のように顔を合わせ、ローテーションで同じような仕事を繰り返すことは、図書館サービスにとって望ましいことであろうか。数名の司書では、専門的な研修を行うにもコスト負担は相当大きなものになり、都道府県の図書館が市町村図書館の司書向けの研修を行っても、その質と量には限界があるだろう（現実に、市町村立の図書館や公民館では職員研修を行っていないケースが過半数を超えている〈「公立図書館における図書館職員の研修に関する実態調査報告書」平成19年3月、全日公共図書館協議会〉）。

　図表4－1のように、公共図書館は首長と議会を意思決定者として、各部、各課によるピラミッド構造の末端に位置する。図書館は一か所だけ、司書は30年ほど同一場所で勤務を続けるという、まさに「孤立無援」の立場になる。しかし、図表4－2のように、近隣の同じような位置にある図書館との連携を図れば、図書館相互の連携（図書の共有や交換、職員の交流・研修）が進み、あたかも複数館による一体的な運営形態が実現する可能性も出てくる。直営のままでは近隣図書館の相互の連携はなかなか実施しにくいものがあるが、近隣の複数館に対して同一の事業者が指定管理者となった場合には、同じ運営形態のもとで、連携がとりやすくなるという可能性がある。このような連携が進めば、図書館の運

図表4−1　公共図書館の自治体における位置

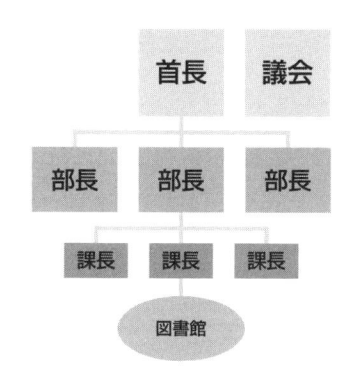

図表4−2　ネットワーク化された図書館

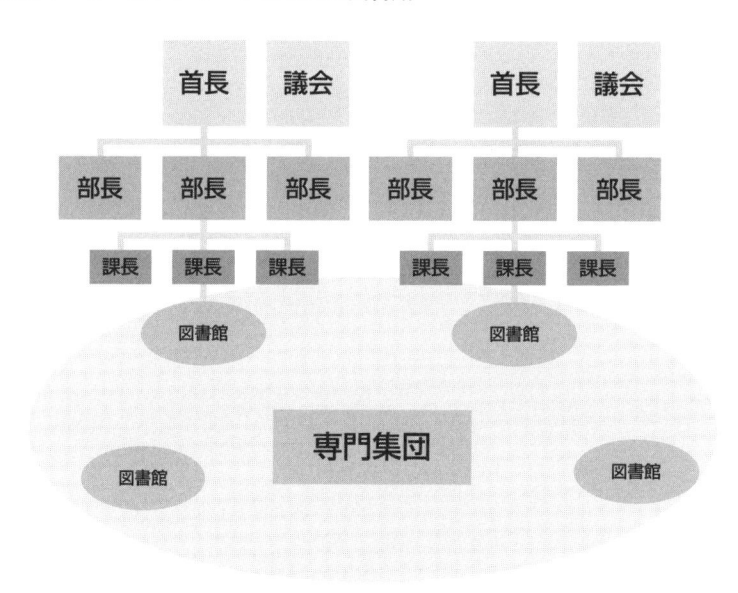

営管理に関する専門性も高くなるであろう。

　指定管理者制度が、単なるコスト削減の手法ではなく、サービスの質を高めるためのものであるということが、このような図書館の共同運営の形態によってその姿が分かりやすく提示されるのである。

第5章 アウトソーシングを成功させるために

1 究極の「官民協働」はモニタリングの第三者評価制度で

■「経費削減」より公有資産の最大限活用という発想

　これまで、指定管理者制度が介護保険制度と並んで、行政改革の主要なメニューとして発展する可能性を論じてきた。

　その主な論点を振り返ることにする。

　資本蓄積でも資金調達手段の多様化でも、民間事業者が行政機関を上回るケースが特別なものではなくなってきたこと。サービスノウハウの蓄積でも、長年「顧客志向」を追求してきた民間事業者は、行政機関のサービス水準を大きく上回っていること。施設の管理運営業務は、勤務時間・形態、固定的な給与体系を持つ公務員が直接に従事することはなじまないこと。経費削減のみを目的とすると、民間事業者の創意工夫を促す以前に倒産や撤退など、マイナスの効果をもたらす可能性が高いこと。管理運営を委託しても施設の最終的な管理運営責任は設置者である行政機関であるので、モニタリングを怠ると取り返しのつかない事故を誘発する可能性もあること。

　これらの論点を総合すれば、公の施設の運営管理は、直接の業務を民間事業者が担当し、施設のミッションの明確化、管理運営方針の決定、正確なコスト分析をもとにした的確な指定管理料の算定、公正な事業者の選定、モニタリングは行政機関が担当するという「官民協働」がもっとも理想的な形態といえることになる。しかしながら、行政機関が担当するという機能は、実は、行政機関にとっても十分な経験を積んでいない分野であることが大きな問題となっている。たびたび公立図書館を事

例にするのであるが、多くの公立図書館はミッションステートメントを明確にしておらず、昭和60年代に東京都日野市で始まった「市民の図書館」運動によって、「一人当たり貸し出し数」が主要な実績として評価の対象となってきた。その結果、書店でも容易に手に入る「ベストセラー」の貸出件数が突出するという事態を引き起こしている。これに対して、第2章で紹介した千代田区立図書館では、指定管理者となった民間事業者がまず検討したのがミッションステートメントであった。この結果、他の公立図書館とは違ったユニークなサービス提供で評判を高めている。

　ミッションステートメントが不明確な場合には、管理運営方針、及び協定書に盛り込まれる業務内容が抽象的なものとなり、結果として、利用者の満足度が高い専門的な管理運営がなされる基盤が乏しくなる。当然のことながら、指定管理料の的確な算定も難しくなり、経費削減目的が突出して、本来の業務も十分にできないレベルに陥る可能性が高くなる。そして、事業者選定もモニタリングも同じように形式的となり、管理運営責任を十分に自覚しないままにチェックもおろそかになり、事故を誘発する危険性が高まるという構造である。

■モニタリングの専門化から始めるミッションステートメント

　公の施設の管理運営の「負のスパイラル」を正すのには、ミッションステートメントを明確に打ち立てるところから始まるのは「常識」である。しかし、多くの地域住民の利用を前提にすると、ミッションステートメントを正面から議論することは、合意形成の面からも、専門的な施設運営のチェックからも非常に難しいのも「実態」である。

　そこで、モニタリングから始めるという「逆転の発想」も成り立つ可能性が出てくる。

　自治体における一般的なモニタリングは、自治体の幹部や外部有識者で構成される「評価委員会」で行われる。それは、対象となる施設の管理運営に関する専門的知識、一般的な行政運営に関する専門的知識を組

み合わせて、的確なモニタリングを行うことを目的としている。この評価委員会がその専門性をフルに発揮するときには、第2章で紹介した横浜市の港湾病院の事例のように、質が高く効率的で、しかも市民に支持される管理運営が実現することになる。この事例では、すでに設計が完了し、施設建設の途中という時期に指定管理者制度の導入を検討したにもかかわらず、公立病院の経営状況を客観的に分析し、民間医療法人に公的な医療を担当してもらうための仕組み（小児医療、感染症や難病などの政策医療と救急医療、高度医療など）をビルトインし、公設民営型の病院の経営に関するミッションステートメントを明確にしたのである。

専門的な観点から、指定管理者による医療が実現したときには、どのような機能やサービスが必要なのかということを議論・検討することで、ミッションが明確になっていったという事例である。これが、経費削減を目的に、ターゲットの設定を行った場合には、期待される医療サービスの内容に比して、指定管理料が低く設定され、応募する事業者が現れない事態にも想定されたのである。

専門家と利用者である市民、設置者である自治体幹部職員が正面からミッションステートメントを検討すると、理想のサービス機能と、それを全く足りない経費で実現させたいという思惑の不一致で、合意形成がなされない可能性の方が高い。具体的な施設が目の前にあり、その施設で可能なサービスと必要な経費を勘案しながら、そのサービスの履行確認や評価項目を検証しながら議論すれば、拡大したいサービスと切り詰めたい経費との接点が明確になり、事業内容が具体化する。具体的な事業内容とその実施をイメージすることでミッションステートメントも、地域特性や施設特性を反映したものとして合意形成できるのではないだろうか。

株式会社などの営利法人による施設運営は、「営利」という観点から、「サービス」、「顧客満足度」のバランスによって、対象となる顧客層が限定される（マーケティング）ので、管理運営方針の合意形成は非常に

合理的に決まる。ところが、公の施設では、利用者は不特定多数の市民であり、地域全体の税負担と特定の利用者の受益という偏りから、民間企業等におけるマーケティングが成り立たず、誰のためにどのようなサービスをどのように提供するのかというミッションステートメントが明確にならないと市民、議会、自治体内部の合意形成は実現できない。

■第三者評価によるモニタリングの客観化

　専門的観点からのモニタリングの実施によって、ミッションステートメントが決まるという逆転の発想が成り立つとしても、その専門的観点をどのように担保するのかという点にも難しさが存在している。それは、モニタリングにかかるコストである。

　第4章でも述べたように、自治体がモニタリングを行う場合には、モニタリング（検討）委員会を設置することになるが、その構成員には必ず、専門的知識・経験をもった「学識経験者」を配置しなければならない。当該自治体の幹部職員だけでは、「お手盛り」との批判が市民や議会から寄せられるからである。このモニタリング委員会は、どうしても施設の特性毎に複数の委員会を設置する必要がある。図書館と博物館、スポーツ会館や福祉施設を同じ委員会でモニタリングすることはほとんど困難である。それは、全ての施設の特性を理解する専門家は想定できないからである。こうなると、施設特性毎のモニタリング委員会を設置せざるを得なくなり、そのコストは膨大なものになる。指定管理者制度の導入で、多少の管理運営コストが削減できても、モニタリング費用が、この削減効果を上回る可能性も生じる。

　特に、小規模な自治体では、さまざまな、分野の異なった施設を一つか二つ設置している程度なので、施設特性毎のモニタリング委員会を設置するコスト負担にはとても耐えられない。

　そこで、第三者評価制度の活用が現実的なものになる基盤がある。

　横浜市は、360万の人口を擁していることから、特に小規模な市民生活に密着した施設の数が非常に多く、施設特性毎にモニタリング委員会

を設置しても、その委員会毎にカバーする施設の数が多く、全ての施設の視察をするだけでも大変な時間と労力を要することになる。そして、モニタリングをする以上、対象施設を書類のみで行うことは、モニタリングの主旨にも反し、その結果については、誰も信用しないことになる。これでは、モニタリング委員会にかけたコストは全くの無駄となる。したがって、第三者評価制度を導入せざるを得なかったのである。

その結果、第4章でも述べたように、横浜市で認定された第三者評価機関は、一定の評価スキルを持った評価員を複数名擁しているので、他の自治体の類似施設のモニタリングを行っても何の不思議もないということになる。現時点では、まだまだ第三者評価機関とその評価機関に所属する評価員が、一般的に「専門家」として認知される段階ではない。しかし、評価員と評価機関が得意な分野を特定し、モニタリングの経験を続けることで、「専門家」になることは間違いない。なぜならば、例えばスポーツ会館にしても、複数の該当施設に関するモニタリングを十数回、数十回経験する評価員は十分に専門的な経験を積むことになるからである。

■他の自治体にも第三者評価を拡大するには認証評価機関が必要

横浜市の指定管理者第三者評価制度を他の自治体に普及するためには、モニタリングの認証評価機関の設立が必要となる。先行している福祉サービスの第三者評価に関しても、都道府県の社会福祉協議会などが核になって、評価機関の認証評価を行う機関を設立している。指定管理者制度におけるモニタリングの認証評価機関が、福祉サービスの認証評価と違うのは、その施設・サービス分野が多岐にわたっている点である。したがって、社会福祉協議会のような既存の専門組織を認証評価機関とすることはできないので、新たに認証評価機関を設立する必要がある。

現在、横浜市では、川崎市などの周辺自治体に、第三者評価制度の共同運営への参加呼びかけと、横浜市の認定している評価機関の協議会の設立を働きかけている。周辺自治体との「第三者評価制度検討会」(仮

称）と既存の第三者評価機関の「協議会」とが設立されれば、それを基盤にして、認証評価機関の設立の可能性が高まることになる。

認証評価機関の役割は、モニタリングに関する情報収集と施設分野毎のモニタリングマニュアルの検討・作成および検証、第三者評価機関の認証、モニタリング活動に関する評価と改善検討、評価員の研修と資格認定というような機能である。

横浜市の第三者評価制度は、対象施設の数の多さから必然的に産み出された仕組みであるが、他の自治体との協働によって、日本全体にも広がる可能性の高い制度として注目されている。自治体にとっても、独自に専門的なモニタリング委員会や機関を小規模な市民利用施設にまで設置することは、コスト的にも不可能であるし、専門家の確保もまた非常に難しい課題である。小規模・生活密着型の市民利用施設は自治体間で大きく異なることはなく、数パターンに分類できるので、モニタリングの共同化は専門性の確保とコスト面で有利となる。そして、第三者評価機関によるモニタリングによって、もっとも大切なミッションステー

図表5-1　当面の横浜市と他自治体との第三者評価制度に関する協働のイメージ

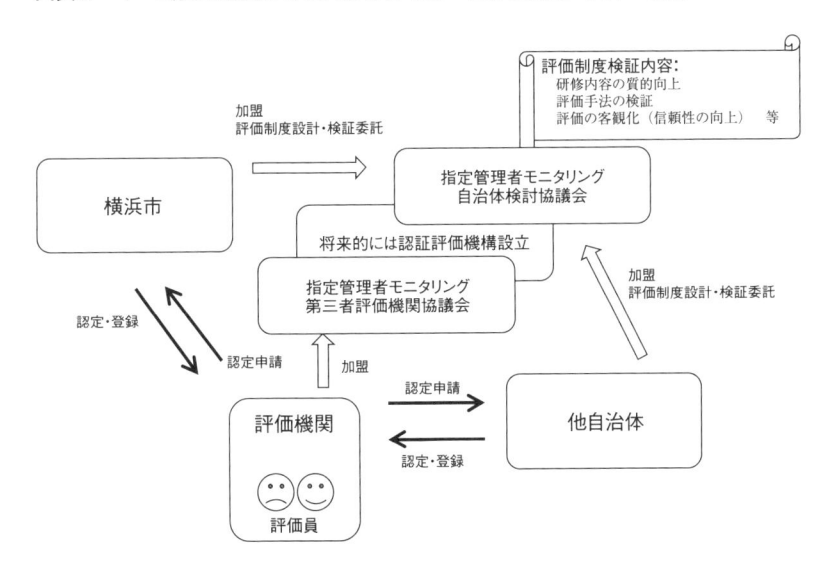

メントの策定にも繋がるのであるから、この制度の普及には大きなメリットがある。

資料

◎横浜市指定管理者第三者評価制度「評価マニュアル」
　第4部　評価項目の解説マニュアル（地区センター等）

◎横浜市指定管理者第三者評価モデル契約書

◎指定管理者第三者評価実施上の留意点

◎平成20年度　横浜市指定管理者
　第三者評価認定申請及び評価員等
　養成研修のご案内

◆横浜市指定管理者第三者評価制度
「評価マニュアル」第4部
評価項目の解説マニュアル（地区センター等）

　横浜市は第三者評価の実施に当たって、対象となる約300施設を7つのカテゴリーに分けて、それぞれの評価項目を設定し、詳細なマニュアルを編集し、公表している。

　7つのカテゴリーは、共通項目として6つの大項目を設定し、各大項目のもとに小項目を配置している。

● 共通項目
Ⅰ　総則
①施設の目的や基本方針の確立、②施設目的の達成度、③職員配置、④職員マナー、⑤開館実績
Ⅱ　施設・設備の維持管理
①建物・設備の保守点検、②備品の管理、③清掃業務、④警備業務、⑤外構施設の保守点検、⑥植栽・樹木等の維持管理、⑦ゴミゼロ推進運動の取組
Ⅲ　運営及びサービスの質の向上
①利用実績・稼働率、②利用案内（情報提供、広報等）、③運営体制（サービス水準の確保、個人情報保護、事故防止等）、④利用者ニーズ・苦情対応、⑤利用者等による評価と業務改善（利用者アンケート等）、⑥自主事業、⑦各施設特有の業務履行確認　など
Ⅳ　地域・地域住民との交流連携
①地域や地域住民との交流連携の取組
Ⅴ　指定管理料の施行状況
①指定管理料の執行状況、②収支決算状況、③経費節減状況
Ⅵ　その他
Ⅰ～Ⅴの評価項目では評価しきれない特筆事項や改善すべき点

　以上の共通項目に加えて、それぞれの施設特性に応じた評価項目（基準）を設けている。大項目毎に、施設特性によって小項目を加えている。

Ⅰ　総則
【福祉保健活動拠点】　職員の育成
【地域ケアプラザ】　職員の資質向上、職員の専門技術向上、人権擁護啓発
Ⅱ　施設・設備の維持管理
【スポーツセンター】　プール施設の衛生管理
【老人福祉センター】　浴室の衛生管理

【こどもログハウス】　遊具の安全点検
Ⅲ　運営及びサービスの質の向上
【地区センター】　利用者会議、書籍の貸出・購入・管理の取組
【スポーツセンター】　スポーツ教室事業、利用者支援業務
【老人福祉センター】　利用者会議、老人クラブ活動への援助、趣味の教室
【福祉保健活動拠点】　バリアフリー配慮、関連団体との連携、団体サポート機能、ロッカー貸出業務
【地域ケアプラザ】　地域ネットワークの構築、総合相談業務、成年後見人制度の活用、包括的・継続的ケアマネジメント支援業務など
Ⅳ　地域・地域住民との交流連携
【地区センター】　地区センター委員会
【地域ケアプラザ】　地域活動交流・自主事業の適切な実施、ボランティアとの協働
Ⅴ　指定管理料の施行状況
【地区センター】　ニーズ対応費の執行状況、利用料金収入実績
【スポーツセンター】利用料金収入実績

　本書の資料編としては、地区センター等を対象とした解説マニュアルを以下に掲載する。他の施設毎の解説マニュアルは、横浜市のホームページから全文をダウンロードできる。

● 評価ポイント
評価ランクについて

　　Ａ、Ｂ、Ｃの３段階で評価を行う。
　　Ａ評価（協定書や事業計画に定める水準を上回る状態）
　　Ｂ評価（協定書や事業計画に定める水準通りの管理を実施している状態）
　　Ｃ評価（協定書や事業計画に定める水準通りでない、改善指導が必要な状態）
　判断基準のなかで、必須（基準を満たさない場合はＣ評価となる）の基準は下線で示す。
　必須の基準を満たした場合はＢ、満たさない場合はＣ、必須の基準も含めて全ての基準を満たしたときはＡ評価となる。
　必須の基準がない項目は、全ての基準を満たしたときはＡ、一つの基準でも満たせばＢ、全ての基準を満たさない場合はＣとなる。

1．地区センター等

I　総則

I−1　施設の目的や基本方針の確立
　地区センターの設置目的に基づいた管理運営上の基本方針が確立されており、職員が理解しているか。

◆判断基準
職員に対し、地区センターの設置目的に基づいた施設運営上の基本方針が明文化されている。
　設置目的を踏まえ、さらに事業者としての特色を打ち出した基本方針を明文化しているかを確認する。設置目的の単純な書き換えや事業者本体の事業活動に対する基本方針ではなく、当該地区センターの特徴を踏まえたオリジナルの基本方針がわかりやすく明文化されていること。

職員が、地区センターの設置目的や施設運営上の基本方針を理解している。
　職員に対し、施設の設置目的及び管理運営上の基本方針を理解するための取組が行われているか（研修の実施、文書の配布、掲示等）、その取組の結果、職員が目的や方針を理解しているかどうかをヒアリング等により確認する。

利用者に対し、地区センターの設置目的や施設運営上の基本方針を周知している。
　利用者にわかりやすい形で、地区センターの設置目的や目的に基づいた施設運営上の基本方針を施設内に掲示したり、パンフレットやHP等で公開したりしているかどうかを確認する。

I−2　施設目的の達成度
　施設の管理運営を通して、施設目的を達成できているか。

◆判断基準
利用者にとって公平・公正に利用できるシステムを構築している。
　利用者にとって公平・公正に利用できるシステムとは、特定の団体やグループ等に対し、有利又は不利になる取扱いとならないような工夫を指す。
　具体的には、すべての地域の人が情報を得られるような情報提供（後段の「Ⅲ−3 適切な利用情報提供」〈P.146〉で確認）を行った上で、利用者の受け入れに当たって先着順や抽選など公平な受付方法となっているかを確認する。

地域住民が自主的な活動を行うための支援や交流の場づくりを行っている。

地区センターの設置目的を実現するために、地域住民の自主的な活動（サークル活動など）への支援、様々な世代が交流できるような環境づくりに努めているかを確認する。
　具体的には、①情報収集・情報提供の実施、②サークル活動化への助言業務の実施（声掛けだけではなく、具体的な取組を行っている場合は、特記事項として記載）

地区センターの働きかけにより、サークル活動化に発展した例がある。
　登録されているサークル活動団体のメンバーが、自主事業などに参加していたかどうかを確認する。
　具体的には、優先予約利用をするための名簿確認などを行う。

Ⅰ－3　職員の勤務実績・配置状況
　管理職を含む常勤職員及び非常勤職員の勤務実績、配置状況は適切か。

◆判断基準
各業務に対し、必要最低限の職員を配置している。
　各職員が責任をもって業務を遂行するため、また、利用者が快適に利用するためには、役割分担を決めたうえで業務に当たる必要がある。
　各業務に対し、必要最低限の職員（各業務に対して最低1名）を配置しているかどうかを確認する。
　ただし、職員数が少ない施設においては、1人で複数業務を兼任しなくてはならない状況も考えられるため、その場合は、利用者に迷惑をかけないような執行体制になっているかどうか、シフト表を確認する。
（例えば、受付業務担当者は、利用者が施設に入館した際にはすぐに対応できるよう、清掃や施設巡回業務と兼任していないなど）

各職員は、他の職員の業務状況を適切に把握している。
　各職員がお互いの配置と業務内容を適切に把握し、臨機応変に手伝うなど、施設の円滑な運営に資する体制が構築されているかを確認する。
　具体的には、シフト表の作成や、役割分担を示すボードの設置等により、全職員が他の職員の担当を把握できる工夫を行っているかどうかを確認する。

事業計画書の職員体制と実際の体制に相違がない。
　事業計画書で提案された職員体制と実際の体制の相違については、訪問調査当日の職員の出勤状況と訪問日以外の出勤簿等の両方で確認する。

Ⅰ-4　職員のマナー

利用者が気持ちよく利用できるよう、利用者に対する職員の接客マナーは適切か。

◆判断基準
利用者が職員だと判別できるよう、名札を着用している。
　利用者が困ったときなどに話し掛けやすいよう、職員であることを示す名札等を着用しているかどうかを確認する。

職員の服装は適切である。
　職員用の制服（スタッフジャンパー）などを用意している施設は、適切であると判断する。
　制服がない場合は、目立つ程の汚れがないなど清潔であるか、短パンやサンダル、過剰なアクセサリーの着用など利用者に対して不快感を与えるような服装をしていないかを確認する。

電話応対の際、施設名及び職員名を名乗っている。
※　訪問時に必ずしも電話がかかってくるとは限らないため、訪問の日程調整等を行う際の電話などにより確認する。

挨拶や対応の際の言葉遣いや態度が丁寧である。
　利用客に対して挨拶を行っているか、また、利用者に対して、適切な敬語や丁寧語を用いて対応しているか、利用者が話し掛けてきたときは、すぐに対応しているか、他の利用者への対応中など合理的な理由ですぐに対応できない場合には、一言断りを入れているかなどを確認する。

Ⅰ-5　開館の実績

仕様書に定められた、もしくは事業計画書のとおりに開館しているか。

◆判断基準
仕様書に定められた、もしくは事業計画書のとおりに開館している。
　仕様書に定められたとおりに開館しているかどうかを確認する。時間外オープンなど、自主事業として事業計画書に提案した場合は、事業計画書で提案されたとおり実行されているかどうかを確認する。
※　指定管理者の責に拠らない場合の休館に関しては、評価対象としない。
　（この判断基準を満たしていればA評価とする。満たさない場合はCとなり、したがって、B評価はない）

Ⅱ 施設・設備の維持管理

Ⅱ-1 建物・設備の保守点検
建物・設備が適切に管理され、安全性の確保及び良好な機能の保持が実現されているか。

◆**判断基準**
目に見える損傷等がなく、利用者が常に安全に利用できる状態に保たれている。

　目視による建物の確認においては、評価員が危険を感じないかどうかが判断基準となる。例えば、手すりが壊れている、床や壁にひび割れ、欠け、割れ、浮き、剥離などが起こっており、利用者が転倒する危険や怪我をする危険がないかどうかを確認する。

発見された不具合が適切に処理されている。

　以下の3つのポイントを実施しているかどうかにより、発見された不具合の処理がなされているかどうかを確認する。
　①行政への報告（報告書の確認）、②発生後の迅速な対応（安全確保の応急措置など）、③指定管理者が対応すべき場合、適切に対応しているかどうか。（修繕の実施等）
　ただし、利用者に危険が及ばないなど緊急性が少ないと考えられる場合で、予算の関係上、すぐに対応することが難しく修繕が行われてない場合は、その理由を聞き、合理的な理由（行政の許可を得ている、行政側と協議中である、修繕業者に連絡済みだが実施がまだ行われていないなど）がある場合は、適切に処理されていると判断する。

事業計画書のとおり管理が行われている。

　事業計画書（示されていない場合は仕様書）に示された日常保守管理及び定期点検の実施状況の確認（記録の確認）。評価対象期間のうち任意で1カ月分を抽出し、記録が存在するかどうかを確認する。

Ⅱ-2 備品の管理
施設の備品が適切に管理されているか。

◆**判断基準**
備品台帳に記された備品がすべて揃っている。

　評価対象年度に購入した新規備品に関しては、書類上記載されたものが存在するかどうかを確認する。

その他の備品に関しては、任意で5つの備品（高額備品を優先する）を備品台帳から抽出して、存在するかどうかを確認する。

地区センターの備品に目に見える損傷等がなく、良好な状態を保っている。
新規備品もしくはその他の備品を確認する際に、損傷等がないかどうかを確認する（修理等適切な措置がされていれば可）。

地区センターの備品と指定管理者の備品を区別した備品台帳を作成している。
地区センターの備品台帳と指定管理者の備品台帳がそれぞれ存在するかどうかを確認する。

Ⅱ－3　清掃業務
利用者が快適に利用できるよう、清掃が行き届いているか。

◆**判断基準**
事業計画書のとおり業務が実施されている。
事業計画書（示されていない場合は仕様書）に示された日常清掃・整理整頓や、定期的な清掃（床掃除及び窓清掃）を実施しているかどうか記録を確認する。
日常清掃に関しては、チェックリストを用いて記録しているかを確認する（チェックリストでなくとも、実施記録が存在すれば可）。

目に見える埃、土、砂、ゴミ、汚れ等がない状態を維持し、不快感（見た目、悪臭等）を与えず、衛生的な状態が保持されている。
施設内全体を目視により確認する。

消耗品の補充が適切に行われている。
トイレのトイレットペーパーの補充など、定期的な確認を実施し、適切に補充を行っているか記録及び目視により確認する。

発見された清掃道具等の不具合が適切に処理されている。
以下の3つのポイントを実施しているかどうかにより、発見された清掃道具等の不具合の処理がなされているかどうかを確認する。
①行政への報告（報告書の確認）、②発生後の迅速な対応（安全確保の応急措置など）、③指定管理者が対応すべき場合適切に対応しているかどうか。（修繕の実施）
ただし、利用者に危険が及ばず緊急性が少ないと考えられる場合、予算の関係上、すぐに対応することが難しい場合があるため、修繕が行われてない

場合はその理由を聞き、合理的な理由（行政の許可を得ている、行政側と協議中である、修繕業者に連絡済みだが実施がまだ行われていないなど）がある場合は、適切に処理されていると判断する。
(この判断基準を全て満たしていればA評価とする。満たさない場合はCとなり、したがって、B評価はない)

Ⅱ－4　警備業務
安全で安心感のある環境を確保しているか。

◆判断基準
鍵の管理方法が明確になっている。
　鍵の管理者が明確になっており、管理者は館内では携帯又は保管庫へ保管している。また、外出時は別の管理者に引渡しの上、全職員に周知しているなど、管理者・管理方法が明確になっているかどうかを確認する。

日常、定期的に館内外の巡回を行い、事故や犯罪を未然に防止するように努める。
　館内の定期巡回による不審者・不審物のチェック、利用していない各室等の施錠・消灯・異常の有無の確認が定期的に行われており、記録されているなどを確認する。

事業計画書のとおり業務が実施されている。
　機械警備の場合は、当該機械の設置の有無を確認の上、定期的な点検が行われているかどうかを書類上で確認する。
　警備員が在中する場合は、配置人数や配置場所の確認、巡回の記録などを確認する。

Ⅱ－5　外構施設の保守点検業務
⇒該当施設のみ評価を実施する
　外構施設が適切に管理され、安全性の確保及び良好な機能の保持が実現されているか。

◆判断基準
目に見える損傷等がなく、利用者が常に安全に利用できる状態に保たれている。
　外構施設がある場合、目視及び実際に歩いてみることにより、利用者が安全に利用できるかどうかを確認する（敷地内に危険物がないかなど）。

発見された不具合が適切に処理されている。
　以下の３つのポイントを実施しているかどうかにより、発見された不具合の処理がなされているかどうかを確認する（敷地内に危険物がないかなど）。
　①行政への報告（報告書の確認）、②発生後の迅速な対応（安全確保の応急措置など）、③指定管理者が対応すべき場合、適切に対応しているかどうか（修繕の実施等）。
　ただし、利用者に危険が及ばないなど緊急性が少ないと考えられる場合で、予算の関係上、すぐに対応することが難しく修繕が行われてない場合は、その理由を聞き、合理的な理由（行政の許可を得ている、行政側と協議中である、修繕業者に連絡済みだが実施がまだ行われていないなど）がある場合は、適切に処理されていると判断する。

事業計画書のとおり業務が実施されている。
　事業計画書（示されていない場合は仕様書）に示された外構の保守管理がなされているかどうかを記録にて確認する。

Ⅱ－6　植栽・樹木等の維持管理業務
⇒該当施設のみ評価を実施する
　施設周りの植栽・樹木等が適切に管理され、利用者が快適に過ごせるような良好な景観が保たれているか。

◆判断基準
落葉や雑草の繁茂等が放置されておらず、美観が保持されている。
　落葉時期（晩秋）の清掃や定期的な除草などが行われているかどうかを記録及び目視により確認する。

植栽に不具合が生じた際は適切に処理されている。
　倒木等の応急措置、病害虫の対応、枯損植物の廃棄などを記録及び目視により確認する。

事業計画書のとおり業務が実施されている。
　事業計画書（示されていない場合は仕様書）に示された植栽の保守管理がなされているかどうかを記録により確認する。

Ⅱ－7　ゴミゼロ推進運動への取組
　横浜Ｇ30プランに則ったゴミゼロ推進運動へ取り組んでいるか。

◆判断基準
ごみの発生抑制に取り組んでいる。

コピーは両面コピーを心がけるなどの取組を行っているかどうかを確認する。

再利用・再使用に取り組んでいる。
ミスコピー紙等裏紙を活用するなどの取組を行っているかどうかを確認する。

リサイクルに取り組んでいる。
館内のゴミの分別を徹底し、廃棄物を極力少なくするなど、リサイクルに取り組んでいるかどうかを確認する。
(この判断基準を全て満たしていればA評価とする。満たさない場合はCとなり、いずれか一つは、B評価となる)

Ⅲ　運営業務及びサービスの質の向上

Ⅲ－1　利用実績及び施設の稼動率

評価実施直前の2年間の施設稼働率及び利用実績の推移につき、半期毎(4月から9月、及び10月から3月)の状況を確認する。

(1) 施設の利用者数

期間		全体		団体利用	個人利用
		施設稼働率	総利用者数	利用者数	利用者数
H	～ 月	％	人	人	人
︙	︙	︙	︙	︙	︙

(2) 利用内訳

部屋については、施設の実態に合わせて記載する(地区センターの体育室又はレクホールは個人利用が必須となっている)。

部屋	期間		団体利用		団体利用
			施設稼働率	総利用者数	利用者数
体育室	H	～ 月	％	人	人
	H	～ 月	％	人	人
	H	～ 月	％	人	人
	H	～ 月	％	人	人
︙	︙	︙	︙	︙	︙

指定管理者記入欄	第三者評価機関記入欄
【アピールポイント】	【特記事項】
【改善すべき点・課題】 ・利用人数や稼働率が極端に落ち込んでいる際には、その理由を記述する。 ⇒例：改修工事のため小会議室を閉鎖したため、など	・利用人数や稼働率が極端に落ち込んでいる際には、事業者の責めによらない合理的な理由があるかどうか、改善のための努力をしているかどうかなどを明らかにする。

Ⅲ-2 利用しやすい受付案内の実施

利用者が利用しやすい受付案内を実施しているか。

◆**判断基準**
受付窓口を設置し、受付スタッフがいる。

　受付プレートの設置など、受付窓口がどこにあるか、利用者がわかりやすいような工夫がされているかどうか。また、受付スタッフがおり、受付窓口に利用客が来た際には、すぐに席を立ち、対応しているかどうかを確認する。
　電話やHP等により、利用相談を受付けている。
　電話番号やHPアドレスなどをチラシ、広報よこはま、市のHP等で公表し、来館できない利用者に対する利用相談の手段を確保しているかどうかを確認する。
　スタッフが利用者の相談に適切に対応できるよう、応対サービス等の研修体制を確立している。
　応対サービス等の研修の実施、もしくは研修を受講させているかどうか、資料・記録により確認する。
　利用者に分かりやすく説明できるよう、説明資料を用意している。
　パンフレットやチラシ（Ⅲ-3で確認するものと同一でよい）、その他説明用のパネルなどを、受付で用意しているかどうかを確認する。
（この判断基準を全て満たしていればA評価とする。満たさない場合はCとなり、いずれか一つはB評価となる）

Ⅲ-3 適切な利用情報の提供

すべての利用者が等しく利用情報を得ることができるよう、適切な利用情報の提供を行っているか。

◆**判断基準**
サービスの情報や施設利用案内を記載したパンフレット・掲示物等を作成している。

パンフレットやポスター、インフォメーション端末の設置など現物を確認する。

情報提供に当たっては、わかりやすい言葉遣いや写真・図・絵等を活用し、誰にでもわかるような工夫を行っている。
　例えば、パンフレットの作成において、漢字にはふり仮名をつけたり、文字のサイズを大きくしたり、写真や図などを活用したりするなど、高齢者、障害児者も含め、誰もが見やすくわかりやすい工夫を行っているか現物を確認する。

見学などの希望に対応している。
　広報誌やHP等で、見学希望に対応することを利用者に周知しているかどうかを確認する。また、実際に見学の希望があった場合、どのように見学へ対応しているのか等、記録またはヒアリングにより確認する。

指定管理者の名称や指定期間、概要等について館内の掲示板やHP等で利用者に周知している。
　指定管理者自身の名称や業務概要、指定期間、施設運営の概要や特徴等について、利用者に対し、館内の掲示板やHP等で情報を提供しているかどうかを確認する。例えば、スタッフの紹介などをしている場合は、独自の取組として取り上げる。

事業計画書・事業報告書を公表している。
　HPや館内で公表しているかどうか。希望者のみに閲覧させている場合、事業計画書や事業報告書を閲覧できる旨をポスターやHP等で周知しているかどうかを確認する。

Ⅲ－4　広報・PRの実施
　当該施設について、広報誌やPR誌を作成するなど、具体的な取組を実施し、潜在的な利用者にアピールしているか。

◆判断基準
広報誌やPR誌を作成するなど、積極的に広報・PR活動を実施している。
　施設独自の広報誌やPR誌の定期的な発行、区や市の広報誌への情報提供、HPの作成、町内会掲示板等への情報提供、他公共施設へのパンフレットやちらしの設置などを実施しているかどうかを確認する。
（この判断基準を満たしていればA評価とする。満たさない場合はCとなり、いずれか一つはB評価となる）

Ⅲ-5　サービス水準の確保

個々のサービスについて、対応職員によって格差が生じないよう、施設のサービス水準を確保するための取組を行っているか。

◆判断基準
施設のサービス水準を確保するため、標準的な業務実施手順や注意点等がわかりやすく明文化（マニュアルの作成等）されている。

- 統一した業務手順や問題があった際の対応策などを記したマニュアルがあるかどうか。マニュアルは、冊子化されている必要はなく、業務日誌のまとめやスタッフミーティングの議事録のまとめなどでもよい。実際に活用されているかどうかを確認する（新品の使われていないマニュアルが用意されているだけでは該当しない）。
- 職員全員が、統一された業務実施手順やトラブルへの対応策に関し、分からない場合は何を見ればよいのかが明確になっているかどうかが重要である（館長の判断にすべて頼ることにしている場合は、館長が何らかの理由で不在の際に問題となるため、該当しない。明文化されている必要がある）。

全職員が一貫した認識を共有した上でサービスを提供している。

全職員が、上記マニュアルの存在やその内容、保管場所（誰もがすぐに確認できる場所に保管してあること）について知っているかどうかを確認する。また、全職員に対し、サービス水準を維持するための研修を定期的に行っているかどうかを記録、資料により確認する。

職員の意見を取り入れながら、標準的な業務実施手順等をスタッフミーティング等において定期的に見直している。

職員が参加し、標準的な業務実施手順等の見直しに関するスタッフミーティング等を行った際の議事録等により、開催頻度、内容及び参加者について確認する。
また、見直しを行った場合、改善内容について、ヒアリングで把握する。
（この判断基準を全て満たしていればA評価とする。満たさない場合はCとなり、いずれか一つはB評価となる）

Ⅲ-6　職員間での情報共有化

職員間で、適切に各種情報の共有化が実現されているか。

◆判断基準
情報の流れが明確にされ、必要な情報が職員に的確に届くような体制が整備されている。

業務運営上、職員間で各種情報が共有化されるよう、情報伝達の流れなどが決められているかを確認する。
　例）・すべての情報はまず館長に集められ、館長は文書でまとめたうえ、回覧やオンライン掲示板等により、すべての職員に情報を伝達している。
　　　・職員間で連絡ノート等を作成し、全職員が毎日確認している。

職員間で、情報共有を目的とした定期的な会議（スタッフミーティング等）が開催されている。
　最低でも月1回以上、常勤及び非常勤職員すべてが参加するミーティングが行われているかを記録により確認する（ミーティングを実施できない場合は該当しないが何らかの形で共有する取組を実施している場合は特記事項に記入）。
（この判断基準を全て満たしていればA評価とする。満たさない場合はCとなり、いずれか一つはB評価となる）

Ⅲ-7　個人情報の保護
個人情報の保護に対する体制が整っているか。

◆**判断基準**
横浜市が規定する個人情報取扱特記事項について、年1回以上点検・評価を行っている。
　以下のような取組を行っているか。
・施設内における個人情報の取扱いに関するルールやマニュアル等の見直し・改訂等を実施している。
・個人情報取扱特記事項に関するチェックリストを作成し、全職員に対し、定期的（最低でも年に1回）に個人情報保護に関する理解度などのチェックを行っている（これ以外の手段で全職員の個人情報保護に関する理解度確認を行っており、実施が確認できた場合も可とする）。

個人情報を収集する際は必要な範囲内で適切な手段で収集し、目的以外に使用していない。
　収集した個人情報の使用目的が明確に説明できるかヒアリングにより確認する。また、個人情報を収集する際に、目的外に使用しないことを明記しているかを確認する。

個人情報の取扱いに関するルールやマニュアル等が整備され、管理責任者が特定されている。

個人情報保護のための具体的な取扱方法や留意事項を記載した施設独自の規定やマニュアル等を整備しており、管理責任者が明確化され、全職員に周知されているか（職員へ質問し、確認する）。

個人情報の漏洩、滅失、き損及び改ざんの防止、その他の個人情報の適正な管理のために必要な措置を講じている。
　個人情報の管理のため、離席時にパソコンをロックしているか、個人情報の含まれた書類等は施錠可能な場所に保管しているか、シュレッダーを使って書類等を廃棄しているか（ない場合は、どのような取組を行っているか抽出する）などについて確認する。

個人情報の取扱いについて、職員等に対する研修を年１回以上実施し、個別に誓約書を取っている。
　研修時の資料、出席者名簿等により実際に研修を行っていたかどうか確認する。また、誓約書に関しては非常勤も含め職員の分があるかどうかを確認する。

　※個人情報とは、「生存する個人に関する情報であって、当該情報に含まれる氏名、生年月日その他の記述等により特定の個人を識別することができるもの（他の情報と容易に照合することができ、それにより特定の個人を識別することができることとなるものを含む）（個人情報保護法第二条一項）」であり、具体的には、個人の氏名。生年月日、住所、電話番号、メールアドレスなどと個人の氏名を組み合わせたもの、従業員情報や求職者情報、顧客情報など。また、文字情報だけではなく、映像・音声なども個人情報に該当する。

Ⅲ－8　事故防止対策への取組
　事故防止のための体制の構築・取組を行っているか。

◆**判断基準**
過去に発生した事故の内容や対応内容（事故発生の例がない場合は、他類似施設等における事例の収集など）をもとに、原因分析を実施し、改善のための対応を行っている。
　施設で実際に発生した事故の事例について、発生から対応まで順を追って聴取して記録を確認し、原因分析と改善のための対応を実施しているかどうかを確認する。
　　※この記録は、Ⅲ－9で確認するヒヤリ・ハット集の一部となっていても可。

事故防止のチェックリストやマニュアル類を用い、施設・設備等の安全性やサービス内容等をチェックし、必要に応じて改善している。
　施設・設備の安全性やサービス内容等のチェック及び改善状況の記録を確認する。

事故防止策の研修等を実施している。
　議事録で事故防止策について検討しているかどうかを確認する。
　スタッフミーティングの中で、事故防止策をテーマとして職員同士で勉強会などを行っている例も該当する。

事故防止のチェックリストや事故防止・事故対応マニュアル等を整備している。
　事故防止のチェックリストや事故防止・事故対応マニュアル等を確認し、事故防止のための日常点検の項目や、事故が発生した際の対応方法などが明確になっているかどうかを確認する。

Ⅲ-9　事故発生時の対応体制の構築
　事故発生時の対応体制が確立しているか。

◆判断基準
施設内で、事故対応責任者が明確になっている。
　事故対応責任者を明確に定めているかどうかを確認する。

発生した事故内容等についての記録を作成している（ヒヤリ・ハット集の作成）。
　施設で発生した事故だけでなく、ヒヤリ・ハット集や他類似施設等における事例集を作成しているかどうかを確認する。

事故対応策の研修等を実施している。
　蘇生法（AEDが設置されている場合は、AEDの講習など）などの事故対応訓練を、非常勤を含む全職員を対象に行っているかを確認する。

事故発生時の連絡体制を確保している。
　連絡網や連絡先が事務室内に掲示され（もしくは各職員に配布され）、だれもが迅速に連絡できるようになっているかどうかを確認する。
　※ヒヤリ・ハット集とは、業務中に、事故が起きそうな状況に出会いヒヤリとしたり、ハッとしたりしたことを記録したもの。

Ⅲ－10　災害発生時の対応体制の構築
　災害発生時の対応体制が確立しているか。

◆判断基準
防災マニュアル等に基づき、避難訓練や防災訓練等を最低年に２回は実施している。
　訓練の実施記録により確認する。

災害時の連絡体制や職員の役割分担等が明示されている。
　連絡網や緊急時の役割分担を明確にした書類を確認する。

地域や関連機関との連携体制を整備している。
　災害発生時に、地域や関連機関とどのように役割分担をするのかが明確になっているかどうかを確認する（例：災害発生時の地域や関連機関の連絡窓口の明確化など）。

防災に関するマニュアル等が整備されている。
　災害が発生した際の行動の基準や考え方を示し、想定される災害時のさまざまな場面に的確かつ柔軟に対応するための助けとなるマニュアルが整備されているかを確認する。
　※災害とは、地震、台風、大雨等の天災・火災などを指す。

Ⅲ－11　利用者の意見・苦情を抽出する仕組みの構築
　利用者が意見や苦情を述べやすい環境を整備しているか。

◆判断基準
利用者が苦情や意見を述べやすいよう、窓口（ご意見箱の設置、HPでの受付等）を設置している。
　利用者からの苦情や意見を受け付ける窓口を整備しているかどうか目視により確認する。

利用者からの苦情や意見等が寄せられた際には、内容を記録し、対応策を実施している。
　利用者から寄せられた苦情や意見等について、その内容と対応策を記録に残しているかを確認する。

ご意見ダイヤルの利用方法に関する情報を提供している。
　ポスターの掲示やちらしの配布、HPなどでの情報提供について、目視によ

り確認する。

ご意見ダイヤルに意見等が寄せられた場合、その対応方法等につき公表している。
　ご意見ダイヤルに意見等が寄せられている場合、広報誌や館内掲示、HPの活用などの状況を確認する。寄せられていない場合は「該当なし」として、他の項目を達成しているならBとする。

Ⅲ-12　利用者の苦情解決体制の構築
　利用者の意見、苦情等を受けて、迅速に対応できる体制を構築しているか。

◆**判断基準**
利用者に対し、苦情等への対応手順、担当者等が明確にされている。
　利用者の意見や苦情に対する受付方法、対応手順、責任者や担当者等が明確になっているか確認する。

苦情解決の仕組みを利用者等に周知している。
　館内掲示やちらしの配布、HPの活用などの状況を確認する。

苦情等の内容を検討し、その対応策を講じている。
　具体的な事例についてヒアリングを行う。また、記録を確認し、苦情解決体制が機能しているかどうか（定められた苦情受付方法、対応手順等が実際にそのとおりに行われているのか）を確認する。

苦情等への対応策について、利用者へ公表している。
　館内掲示や広報誌、HPでの公表などの状況を確認する。
　また、当該利用者のプライバシーを侵害する恐れがある場合には、個別に公表するなどの配慮を行っているかどうか。利用者会議等で公表している場合は、議事録の確認を行う。
（この判断基準を全て満たしていればA評価とする。満たさない場合はCとなり、いずれか一つはB評価となる）

Ⅲ-13　利用者アンケートの実施
　サービス全体に対する利用者の満足度を把握し、課題がある場合には対応策を講じているか。

◆**判断基準**
利用者アンケートの結果を公表している。

館内掲示や広報誌、HPでの公表などの状況を確認する。

利用者アンケートからサービスに係る課題を抽出している。
　　利用者アンケートで挙げられた意見等の中から、今後改善すべき課題につき抽出し、その中から、施設で対応可能な課題を整理している。

利用者アンケートから抽出した課題への対応策を講じ、改善している。
　　利用者アンケートから具体的な業務改善につながった事例についてヒアリングと資料により確認する。

サービス全体に対する利用者アンケートを最低、年1回以上実施している。
　　アンケート票などにより確認する。
　　※サービス全体に対する利用者アンケートとは、Ⅲ-15の自主事業に対するアンケートとは異なる。ただし、自主事業に対するアンケートの一部で施設全体のサービスについても質問している場合は、実施していると判断する。

Ⅲ-14　利用者会議の開催
　利用者代表からなる利用者会議を開催し、利用者の意見や課題がある場合には対応策を講じているか。

◆**判断基準**
利用者会議での検討内容を公表している。
　　館内掲示や広報誌、HPでの公表などについて確認する。

利用者会議からサービスに係る課題を抽出している。
　　利用者会議で挙げられた意見等の中から、今後改善すべき課題につき抽出し、その中から、施設で対応可能な課題を整理している。

利用者会議から抽出した課題への対応策を講じ、改善している。
　　利用者会議から抽出した課題に対し、職員間でのミーティング等の中で対応策を検討し、改善に向けた取組を実施している（市・区が対応する必要があるものに関しては、市・区に報告している）。

利用者代表からなる利用者会議を、最低年1回以上開催している。
　　議事録により確認する。

Ⅲ-15　自主事業の適切な実施

⇒該当施設のみ評価を実施する
　利用者の望む自主事業を適切に実施しているか。

◆判断基準
自主事業の対象者は各年齢層を網羅し、世代間交流を考慮している。
　施設で実施している自主事業の内容を確認し、特定の年齢層のみを対象としたものとなっていないか、また、事業の中にすべての世代を対象としたものがあるのかを確認する。

定期的に自主事業の見直しを実施し、地域住民や利用者のニーズを反映させている。
　定期的に自主事業の見直しを実施し、地域住民や利用者にニーズを反映させているかどうかは、以下の流れができているかどうかで確認する。
　①自主事業に対するアンケート調査の実施、利用者会議等での意見抽出⇒②自主事業における課題の抽出⇒③課題に対する改善策の検討⇒④改善策を反映させた自主事業の実施⇒⑤改善された自主事業に対するアンケート調査、利用者会議での議論を実施し、効果を評価

<u>**事業計画書のとおり、事業が実施されている。**</u>
　事業計画書と事業報告書により確認する。
　ただし、地域住民や利用者ニーズ、行政の要望のために変更する必要があった場合、PRをしたにも関わらず参加者が集まらなかった場合など合理的な理由があり、行政と協議のうえ、計画を変更したものは可とする。

Ⅲ－16　自主事業における独自の工夫等
⇒該当施設のみ評価を実施する
　施設目的を達成するため、施設を最大限活用するため、また利用者ニーズに対応するために独自に工夫している点を抽出する。工夫が見られない場合には、その旨についても記述する。
　アピールポイント、特記事項を記入する。

Ⅲ－17　書籍の貸出し、購入及び管理
⇒該当施設のみ評価を実施する
　図書スペースがある場合、適切な管理運営を行っているか。

◆判断基準
貸出数の確認や返却状況の把握など、適切な管理を実施している。
　貸出簿など書籍の管理帳票と蔵書を数冊ピックアップし、実地調査により

確認する。

蔵書情報を市に提出している（蔵書検索システムのため）。
　市に提出した蔵書情報の記録の有無を確認するとともに、蔵書検索システムに情報があるかどうか実際に検索を行い確認する。

図書は適切に整理整頓が行われ、利用者が探しやすいよう分類されている。
　図書は背表紙が読めるように整理され、一定の（あいうえお順や内容毎など）分類で配置されているかどうかを確認する。
（この判断基準を全て満たしていればA評価とする。満たさない場合はCとなり、いずれか一つはB評価となる）

Ⅳ　地域及び地域住民との連携

Ⅳ－1　地域や地域住民との交流・連携の取組
　地域や地域住民との交流・連携に関する取組を実施し、地域交流の支援を実施しているか。

◆**判断基準**
地域住民、町内会、自治会等と情報交換を行っている。
　地区センター委員会以外で、地域住民や町内会、自治会等と情報交換を行う機会を設けているかを確認する。
　具体的には、町内会の会合への参加、町内会等へのアンケートの実施、地域情報の館内掲示、地域の広報誌などの館内配布、地域の掲示板などへの施設情報の掲示などの活動。

地域住民の意見・要望を把握している。
　地域との情報交換や、地域活動への参加、地域交流事業を通して、又は地域へのアンケートの実施などにより、地域住民の意見や要望を把握し、記録しているかを確認する。

人的資源や場所の提供を通し、各種地域活動へ参加している。
　地域ボランティアへの参加、地域と協力したイベント（祭など）の開催、周辺地域の清掃活動など、施設全体で実施している地域活動から、職員個人が実施している地域活動までを含む。確認方法は、チラシやポスター、写真などによる。

区内の他施設と連携し、情報交換を行っている。

どのような施設と連携し、どの程度の頻度で、どのような情報交換を行い、施設の運営改善に結び付けているのかをヒアリングにより確認する。
(この判断基準を全て満たしていればA評価とする。満たさない場合はCとなり、いずれか一つはB評価となる)

Ⅳ－2　地区センター委員会の設置・開催
地域の代表や利用者、公募の市民などで構成する地区センター委員会を設置し、意見等を施設運営に取り入れているか。

◆判断基準
地区センター委員会を開催している。
　委員会議事録により確認する。

地区センター委員会での検討内容を公表している。
　委員会議事録（概要等でも可）の館内掲示や広報誌、HPでの公表などを確認する。

地区センター委員会で抽出された意見等への対応策を講じ、施設の運営に取り入れている。
　具体例について、ヒアリング・資料により確認する。

地域の代表や利用者、公募による市民などで構成する地区センター委員会を設置している。
　地区センター委員名簿により確認する。

Ⅴ　収支状況
※以下の収支状況に関する確認は、評価実施日の前年度の内容を対象とする。

Ⅴ－1　指定管理料の執行状況
指定管理料は適正に執行されているか。

◆判断基準
外部の監査を受けている。
　原則として市や運営委員会の監査は該当せず、監査法人、公認会計士、税理士等、第三者による監査を想定している。ただし、運営委員会によっては公認会計士などが入って監査を実施している場合もあるのでヒアリングの中で確認する。また、監査でなくても税務書類の作成過程で適正な会計処理の

確認ができていれば可とする。

適切な経理書類が作成されている。
　出納帳などの帳簿が作成されているか、伝票等は整理のうえ、一箇所にまとめて保管されているかについて確認する。
　また、その際、指定管理者自らが負担する各種経費が、指定管理料、利用料金、自主事業における実費収入等明確に区分されているかどうかを確認する。

経理を担当する職員を配置している。
　経理を担当する常勤職員（出納係及び経理責任者）を配置しているなど役割分担を明確にしているかを確認する。

収支決算書に記載されている費目に関し、伝票が存在する。
　当日、ランダムで全費目から3項目をピックアップし、伝票の存在を確認する。

通帳や印鑑などが適切に管理されている。
　通帳と印鑑の保管場所は分かれているか。

　※運営協力費は、利用者自らが施設運営に協力するという趣旨の自主的寄付です。使途については、多くの利用者が参加できる周年事業や施設の祭りなどに使うこととなっており、地域住民が委員となっている運営委員会が管理しているもので指定管理料とは別のものです。
　したがって運営協力費は指定管理料の収支とは別会計として処理することとなっており、評価の対象とはなりません。

V-2　収支決算状況
　予算と決算に大幅な相違がないか。収入－支出がプラスになっているか。

確 認 事 項			
（予算収入　　　　　円）－（決算収入　　　　　円）＝　　　　　円			
（予算支出　　　　　円）－（決算支出　　　　　円）＝　　　　　円			
（決算収入　　　　　円）－（決算支出　　　　　円）＝　　　　　円			
指定管理者記入欄		第三者評価機関記入欄	
【特記事項】 赤字になった場合は、その理由を、黒字の場合は、黒字を出すために工夫した点などを記入する。		【特記事項】	

Ⅴ-3　ニーズ対応費の執行状況
⇒該当施設（地区センター）のみ評価を実施する
　ニーズ対応費の執行状況について、ニーズに対応した支出となっているか。

◆**判断基準**
すべての項目について問題がない。
　ニーズ対応費として発生した支出内容に関し、品目、数量、金額を確認し、目的以外の支出がないか確認する。
（この判断基準を満たしていればＡ評価とする。満たさない場合はＣとなり、したがって、Ｂ評価はない）

Ⅴ-4　利用料金収入実績
⇒該当施設（地区センター）のみ評価を実施する

事業計画書等で示した目標値	達成割合（利用料金収入／目標×100）
指定管理者記入欄	第三者評価機関記入欄
【アピールポイント】 【改善すべき点・課題】	【アピールポイント】 100％以上を達成した場合、どのように利用者へ還元しているのか、その方策についても抽出する。

Ⅴ-5　経費節減の取組
　経費節減のための努力を行っているか

Ⅵ　その他
　Ⅰ～Ⅴの評価項目では評価しきれなかった特筆事項（施設独自の工夫など）や改善すべき点について。
　アピールポイント、特記事項、改善すべき点・課題を指定管理者と第三者評価機関がそれぞれ記入する。

◆参考：評価に必要な書類一覧（地区センター）

評価項目	必要書類	備　考
Ⅰ．総　則		
1．施設の目的や基本方針の確立	明文化された基本方針	事業計画書に示されている場合は、該当箇所を明確にする
3．職員の勤務実績・配置状況	事業計画書 ローテーション表	職員体制等につき事業計画書に記されていない場合は、体制図等で確認
5．開館の実績	・仕様書、事業計画書 ・開館実績の記録	
Ⅱ．施設・設備の維持管理		
1．建物・設備の保守点検	・仕様書、事業計画書 ・点検報告書	
2．備品の管理	地区センターの備品台帳	・評価対象年度購入備品をリストアップする ・新規購入以外の備品の中から当日確認する備品を事前にリストアップする
3．清掃業務	・仕様書、事業計画書 ・チェックリスト ・実施報告書	
4．警備業務	・警備配置等がわかる資料 ・実施報告書	
5．外構施設の保守点検業務	・仕様書、事業計画書 ・実施報告書	
6．植栽・樹木等の維持管理業務	・仕様書、事業計画書 ・実施報告書	
Ⅲ．運営業務及びサービスの質の向上		
1．利用実績及び施設の稼働率	指定管理開始時から評価実施時の直前の半期までの利用実績等のデータ	半期毎の利用実績等を把握し、どのような傾向があるのか事前に把握しておく
2．利用しやすい受付案内の実施	チラシ、広報よこはま、HPアドレス、利用要綱等	利用相談の手段を確保しているかどうかを確認する
3．適切な利用情報の提供	パンフレットやHPアドレス等	館内掲示板を活用している場合は、訪問時に確認する
4．広報・PRの実施	広報誌、PR誌	
5．サービス水準の確保	業務実施手順見直しに係る会議等の議事録	
6．職員間での情報共有	情報共有を目的とした定期会議の記録	
8．事故防止対策への取組	事故防止策の研修等に関する実施記録、マニュアル	
9．事故発生時の対応体制の構築	ヒヤリ・ハット集や事例集など	

10. 災害発生時の対応体制の構築	・避難訓練や防災訓練の実施記録 ・マニュアル等 ・防火管理者及び消防計画届出書	
11. 利用者の意見・苦情を抽出する仕組みの構築	ご意見ダイヤルの利用方法や苦情受付等について記載されている広報誌やHPアドレス	館内掲示や館内設置のご意見箱等で対応している場合は、訪問時に確認する
12. 利用者の苦情解決体制の構築	苦情解決の仕組みや対応策等の公表媒体（ちらし、広報誌やHPアドレス等）	館内掲示で対応している場合は、訪問時に確認する
13. 利用者アンケートの実施	利用者アンケート結果の公表媒体（広報誌、HPアドレス等）	館内掲示で対応している場合は、訪問時に確認する
14. 利用者会議の開催	・利用者会議の議事録 ・利用者会議議事録等の公表媒体（広報誌やHP等） ・開催周知方法（チラシ、HP等）	
15. 自主事業の適切な実施	事業計画書、事業報告書	自主事業の参加者を募る際にHPやちらし等で公表しているイベントカレンダー等でもよい
17. 書籍の貸出し、購入及び管理	横浜市地区センター蔵書検索ページ http://www.lib.city.yokohama.jp/chikulist.html	
Ⅳ．地域及び地域住民との連携		
1. 地域や地域住民との交流・連携の取組	・地域での会合等の議事録 ・地域アンケート結果等	
2. 地区センター委員会の設置・開催	・委員会議事録 ・委員会議事録等の公表媒体（広報誌やHP） ・委員名簿	
Ⅴ．収支状況		
1. 指定管理料の執行状況	・監査結果 ・収支決算書	収支決算書に記載されている項目の中から、訪問調査で伝票を確認する項目について事前にリストアップする
2. 収支決算状況	・事業計画書 ・収支決算書	
3. ニーズ対応費の執行状況	ニーズ対応費支出記録簿	
4. 利用料金収入実績	・事業計画書 ・利用料金収入実績	

出所：横浜市指定管理者第三者評価制度評価マニュアル「第4部 評価項目の解説（施設毎）地区センター等」より作成

◆横浜市指定管理者第三者評価モデル契約書

第1章　総則
第1条　（契約の目的）
第2条　（契約期間）
第3条　（指定管理者第三者評価）
第4条　（評価者）

第2章　契約
第5条　（契約金額）
第6条　（業務の完了）
第7条　（契約金額の支払い）

第3章　評価機関の義務
第8条　（評価機関及び評価者の義務）
第9条　（横浜市への報告及び情報の公表）
第10条　（評価者の禁止行為）
第11条　（守秘義務）

第4章　指定管理者の義務
第12条　（評価の実施に関する事項）
第13条　（横浜市への報告及び情報の公表の承諾）

第5章　契約の変更及び解除
第14条　（契約内容の変更）
第15条　（契約の解除）
第16条　（指定管理者からの契約の解除）
第17条　（評価機関からの契約の解除）

第6章　損害賠償
第18条　（評価機関の損害賠償責任）
第19条　（指定管理者の損害賠償責任）

第7章　その他
第20条　（協議事項）

横浜市指定管理者第三者評価モデル契約書

○○○○（以下「指定管理者」という。）と△△△△（以下「評価機関」という。）は、指定管理者に対して評価機関が行う指定管理者第三者評価について、次のとおり契約（以下「本契約」という。）を締結します。

第1章　総則

（契約の目的）
第1条　評価機関は、指定管理者の提供するサービスの質の向上を図ることを目的として、指定管理者第三者評価を実施します。

（契約期間）
第2条　本契約期間は、平成○年○月○日から平成○年○月○日までとします。

（指定管理者第三者評価）
第3条　本契約において「指定管理者第三者評価（以下「評価」という。）」とは、評価機関が指定管理者の管理運営する施設に評価者を派遣し、指定管理者の施設運営について、横浜市（以下「市」という。）が定める評価手法及び評価項目によって実施する指定管理者の評価をいいます。
2　評価機関が指定管理者に対して実施する評価の内容、手法等の事項は、契約書別紙注1に定めるとおりとします。

> 注1：　指定管理者は、「契約書別紙に盛り込むべき項目」を参照し、評価機関と契約してください。

（評価者）
第4条　本契約において「評価者」とは、市の実施する評価員等養成研修を修了し、必要なフォローアップ研修を受講している者で、かつ、市が公表する名簿に登載されている者とします。

第2章　契約

（契約金額）
第5条　指定管理者は評価機関に対して、評価費用として200,000円を支払うものとします。

（業務の完了）
第6条　評価機関が第8条第5項の定めに従って報告書を作成し、同条第6項により指定管理者に報告書の提出と説明を行ったことをもって業務が完了したものとみなします。

（契約金額の支払い）
第7条　指定管理者は、前条により業務が完了し、評価機関からの請求を受けた後、〇日以内に評価機関が指定する方法で契約金額を支払うものとします。
2　支払期日において、本条第1項に定める契約金額の支払いがなされなかった場合には、評価機関は指定管理者に対して、支払期日の翌日から支払完了の日までの日数に応じて年率〇％の割合で計算した遅延利息を併せて請求できるものとします。

※：　支払時期等については一例です。両者間で協議の上定めてください。

第3章　評価機関の義務

（評価機関及び評価者の義務）
第8条　評価機関及び評価者は、評価の実施にあたって、施設の利用者に十分配慮し、別に定める倫理規程に則った評価を行うものとします。
2　評価の実施は、契約書に署名捺印した2人以上の評価者が契約時から契約終了時まで一貫して行うものとします。
3　前項に規定する2人以上の評価者のうち、1名以上は評価員とし、そのほかのものは、評価補助員とします。いずれの評価者についても市に登録されたものとします。
4　評価結果は、署名捺印した評価者全員の合議によって決定するものとします。
5　評価機関は、本契約書及び契約書別紙に定める方法に従って評価を実施し、評価結果及び結果分析により把握した課題について報告書を作成するものとします。その際、市が定める結果報告書様式の内容は、必ず当該報告書に含むものとします。
6　評価機関は、評価終了後すみやかに、指定管理者に対し前項の報告書を提出するとともに、その内容について説明するものとします。
7　評価者は、評価の実施にあたっては、評価機関に所属する評価者であることを証する書類を絶えず所持し、指定管理者から提示を求められた時はそれを提示するものとします。

（横浜市への報告及び情報の公表）
第９条　評価機関は、評価を実施した評価者、評価項目の評価結果等を定期的に市へ報告するものとします。

（評価者の禁止行為）
第10条　評価者は、評価の実施に当たって、次の各号に該当する行為を行いません。
（１）指定管理者から評価料金とは別に金品を受け取ること
（２）指定管理者又は利用者等に対する宗教活動、政治活動、その他迷惑行為

（守秘義務）
第11条　評価機関が収集する情報は、評価実施に必要な最小限の情報とし、評価機関は評価以外の目的には決して使用しません。
２　評価機関は、評価を実施する上で知り得た指定管理者及び利用者等に関する情報を、第三者に漏洩しません。この守秘義務は契約終了後も同様です。
３　前項に拘わらず評価機関は、緊急を要する事項（明らかな法令違反や施設の利用者に危険が生じている場合等）があった場合には、監督行政機関等に指定管理者や利用者等に関する状況等の情報を提供できるものとします。
４　評価機関は、評価の実施において得られた、利用者等が特定される可能性のある調査結果については、利用者が特定されないよう加工した上で指定管理者に報告するものとします。
５　評価機関は、利用者等に関する情報が記載された書類については、指定管理者への訪問調査を行う際に現地で確認することとし、施設の外に持ち出さないこととします。
６　評価機関は、指定管理者が業務上作成している内部資料等については、原則として指定管理者への訪問調査を行う際に現地で確認することとし、施設の外に持ち出さないこととします。ただし、指定管理者の同意がある場合にはこの限りではありません。その場合、評価機関は指定管理者から提供された本件業務に関する資料等を善良なる管理者の注意をもって管理、保管し、かつ本件業務以外の用途に使用しません。
７　評価機関は、本契約に基づき作成した評価結果及び報告書を、善良なる管理者の注意をもって〇年間管理、保管した後、廃棄処分するものとします。保管期間中は、本件業務以外の用途に使用しません。

> ※ 調査に当たって収集した資料、評価結果及び報告書の廃棄処分方法については、評価機関と指定管理者間で協議の上、定めてください。
> ※ 評価結果及び報告書の保管年限についても、両者協議の上、定めてください。

第4章　指定管理者の義務

(評価の実施に関する事項)
第12条　指定管理者は、自らのサービス提供に支障のない限り評価の実施に協力し、評価機関の求めに応じて、評価に必要な指定管理者に関する情報及び利用者等に関する情報を提供するものとします。

(横浜市への報告及び情報の公表の承諾)
第13条　指定管理者は、評価機関が評価を実施した評価者、評価項目の評価結果等を市に報告するものとします。
2　指定管理者は、市が前項の報告内容を公表することを承諾するものとします。

第5章　契約の変更及び解除

(契約内容の変更)
第14条　評価機関及び指定管理者は、相手方と協議の上で、評価契約内容についての変更又は履行の一時中止をできるものとします。
2　前項の規定により契約金額を変更するときは、双方の協議の上で定めるものとします。

(契約の解除)
第15条　評価機関及び指定管理者は、相手方と協議の上で、評価契約を解除することができるものとします。
2　前項の場合に、既に実施した評価の費用の支払いについては、両者協議の上で決定するものとします。

(指定管理者からの契約の解除)
第16条　指定管理者は、評価機関が以下の事由に該当する場合には、本契約を解除することができるものとします。
　(1) 評価機関が正当な理由なく本契約に定める評価を実施せず、指定管理者の請求にもかかわらずこれを実施しようとしない場合
　(2) 評価機関が第11条に定める守秘義務に違反した場合

（3）評価機関が、指定管理者もしくは利用者等の生命・身体・財産等を傷付け、又は著しい不信行為を行うなど、本契約を継続しがたい重大な事情が認められる場合
（4）評価を実施している間に、評価機関が認定を取り消された場合

（評価機関からの契約の解除）
第17条　評価機関は、指定管理者が以下の事由に該当する場合には、本契約を解除することができるものとします。
　（1）指定管理者が、評価機関及び評価者の生命・身体・財産・信用等を傷つけ、又は著しい不信行為を行うなど、本契約を継続しがたい重大な事情が認められる場合
　（2）指定管理者が指定の取り消しを受けた場合
2　前項の場合に、指定管理者は、既に実施した評価の費用を評価機関に支払うものとします。

第6章　損害賠償

（評価機関の損害賠償責任）
第18条　評価機関が、自己の責に帰すべき事由により本契約の定めに違反し、指定管理者が損害を被った場合には、評価機関は指定管理者が被った損害を賠償するものとします。

（指定管理者の損害賠償責任）
第19条　指定管理者が、自己の責に帰すべき事由により本契約の定めに違反し、評価機関が被害を被った場合には、指定管理者は評価機関が被った損害を賠償するものとします。

第7章　その他

（協議事項）
第20条　本契約に疑義が生じた場合、又は本契約に定められていない事項が生じた場合には、指定管理者と評価機関は誠意をもって協議の上、解決に努めるものとします。

上記の契約を証するため、本書2通を作成し、指定管理者、評価機関、評価者が記名捺印の上、指定管理者と評価機関各々が各1通を保有するものとします。

平成　年　月　日

評価機関　　　　　住所
　　　　　　　　　評価機関認証番号　NO.
　　　　　　　　　評価機関名
　　　　　　　　　代表者氏名　　　　　　　　　　印

　　　　　　　　本契約を実施する評価者
　　　　　　　　　評価者養成講習修了者番号
　　　　　　　　　氏名　　　　　　　　　　　　印
　　　　　　　　　評価者養成講習修了者番号
　　　　　　　　　氏名　　　　　　　　　　　　印

指定管理者　　　　住所
　　　　　　　　　施設名
　　　　　　　　　指定管理者名
　　　　　　　　　　代表者氏名　　　　　　　　印

契約書別紙に盛り込むべき項目

1 評価機関の連絡先
○当評価の担当者氏名及び連絡先
○評価機関の責任者氏名及び連絡先

2 主なスケジュール（予定）
 (1) 事前説明の方法及び内容等
    ア 第三者評価の趣旨説明
    イ 職員、利用者への周知方法
    ウ 評価の具体的方法など

 (2) 実地調査の対象及び方法等

 (3) 結果報告の方法等

 (4) 評価実施のスケジュール

〈記載例〉
　当評価の主なスケジュール（予定）は以下のとおりです。ただし、自己評価の結果など施設の状況により、お客様と協議の上、変更することがあります。
　　○月○日　事前打ち合わせ
　　　　○日　職員への説明
　　　　　　　・第三者評価の趣旨説明
　　　　　　　・評価資料の説明
　　　　○日　自己評価シート、事業計画書等必要資料の回収
　　　　　　（自己評価結果、利用者アンケート等の分析、訪問準備、評価者間打ち合わせ等）
　　　　○日　訪問調査実施
　　○月○日　第三者評価結果報告及び協議
　　　　○日　評価結果の確定、市への報告

3 評価費用
〈記載例〉
　今回の評価費用は、200,000円です（評価費用は、横浜市が指定する金額となっています）。
　なお、内容を変更する必要が生じた場合は、契約書の規定に基づき、契

約を変更し契約金額を変更する場合があります。

4　今回の評価者
○評価員詳細
○評価補助員詳細（評価者を使用する場合のみ記入）
〈記載例〉
　今回の評価にあたっては、○名の評価員の他、○名の評価補助者とともに評価を実施します。評価員及び評価補助員の詳細は以下のとおりです。
〈評価者等詳細記載内容〉
評価員
　氏名、評価者養成講習修了日、修了者番号、フォローアップ研修受講歴、資格・主な経歴・評価経験等
評価補助員
　氏名、今回の評価で担当する内容（具体的に）、資格・主な経歴・評価経験等

5　指定管理者の連絡先
　評価の担当者氏名及び連絡先

6　評価機関連絡先
　評価機関名（認証番号　　　　　　　　　　）
　　所在地
　　代表者氏名　　　　　　　　　　　　　印

7　指定管理者の同意
　上記の内容の説明を受け、了承しました。

　　年　月　日

　　施設名
　　指定管理者名
　　　代表者氏名　　　　　　　　　　　　印

出所：横浜市指定管理者第三者評価制度評価マニュアル　別添「横浜市指定管理者第三者評価モデル契約書」より作成

◆指定管理者第三者評価実施上の留意点

１．守秘義務について

　　指定管理者第三者評価の実施にあたっては、施設から各種情報を収集します。このため、評価員及び評価補助員（以下「評価者」という。）には守秘義務が課せられます。

　　評価機関は、横浜市への認定申請に当たり、守秘義務規定及び個人情報保護規定を提出していますが、これに加え、評価実施の際に、指定管理者（受審施設）との間で交わす契約書上にも守秘義務の遵守について盛り込む必要があります（評価マニュアル別添『契約書等』に記載されている横浜市指定管理者第三者評価モデル契約書を参照）。

　　各評価者は、評価実施前に、所属する評価機関が作成している各種規定を事前に確認し、遵守してください。

　（１）　収集する情報は、評価の実施に必要な最小限の情報とし、評価のみに使用する。

ポイント

・評価実施に直接関係のない情報を、評価以外の目的のために収集することはできません。
・『評価マニュアル』に記載されている必要書類一覧表を参考に、事前調査もしくは訪問調査において閲覧する書類を決め、**評価実施に必要な最小限の情報のみを収集してください**。
・必要がどうかよくわからない資料について、とりあえずコピーを取らせてもらうということはできません。特に、マニュアル記載の必要書類一覧表に記載されている以外の資料を取り寄せる際には、①どの評価項目について、②何を確認するためにその資料が必要なのかを指定管理者側に十分に説明する必要があります。

　（２）　評価実施の過程で知り得た指定管理者及び利用者等に関する全ての情報は、原則として、実際に調査に当たった評価員及び評価補助員のみが取り扱うこととする。

> **ポイント**
>
> ・評価の過程において、評価項目に関連する情報のみならず、指定管理者の経営母体や利用者、個々の施設職員の情報等に接することとなります。第三者に情報が遺漏しないよう、原則として、施設から入手した情報で外部に公表されていない情報については、実際に調査に当たった評価者のみが取り扱うこととしてください。
> ・訪問調査後、調査の内容について評価者間で話し合う際には、評価実施者以外の人がいる場所で話すことはできません。

2．個人情報の取扱い等について

　評価者は所属する評価機関の定める守秘義務に関する規定などを遵守することとなりますが、評価の過程で取り扱う様々な個人情報には、より一層の注意が必要となります。

　特に地域ケアプラザにおいては、相談に来た全ての利用者の記録が作成されており、各利用者の相談内容やケアプランだけでなく、利用者の家族等の個人情報に関しても記載されていることが少なくありません。

　訪問調査においては、これらの個人情報が含まれた記録等を確認する場面も想定されるため、評価者は、個人情報保護の取扱いには慎重な対応をお願いします。

> **ポイント**
>
> ・原則として、個人情報が含まれる書類等に関しては、事前に収集することはできません。
> ・また、訪問調査において確認する際にも、個人情報をメモに残したりすることもできません。
> ・評価実施の過程で知り得た個人情報を遺漏したり、評価以外の目的で故意に利用した場合には、当該評価者の認定取り消しのみならず、所属する評価機関の認定が取り消されることもあります。
> ・訪問調査当日は、指定管理者が示す書類のみを閲覧し、原則として、当該書類のコピーや書き写し、写真撮影、ヒアリングの際の録音を行うことも認められません。

3．客観性の確保について

指定管理者第三者評価は、当事者である指定管理者でも行政でもない第三者により評価を行うことで、各施設の維持管理運営状況を公平で客観的に評価することを目的としています。
　市の評価項目及び評価基準は、可能な限り客観的なものとしていますが、一部、評価者の主観が入りやすい項目もあります。
　例えば、職員のマナーの評価における「不快感を与えるような服装」や、清掃業務の評価における「不快感を与えない衛生的な状態」などは、評価者の主観が入りやすい項目であると考えられます。このような評価項目に対しては、単なる個人的な印象のみで判断せず、判断理由を明確にしたうえで、評価者間で十分協議の上、最終的な評価を決定してください。

ポイント

・施設によって、建設年度や仕様が異なっているため、老朽化が進んでいたり、施設の設備が異なったりする場合があります。そのため、施設そのものを評価するのではなく、施設の管理運営状況を適切に評価する必要があります。例えば、施設が汚いと感じた場合、施設そのものが古いせいなのか、定められた維持管理業務を実施していないからなのか、見極めることが重要です。

4．評価の姿勢について

　評価にあたっては、悪いところを見つけて指摘することに主眼を置くのではなく、良いところを見つけてさらに伸ばしてもらうよう「気づきのきっかけ」を提供することが重要です。評価項目に該当していないと思われた場合には、なぜ該当していないのか、指定管理者へのヒアリングや評価結果の説明の機会を通し、その理由を明らかにしてください。
　評価者が、評価項目に該当していないと判断したにもかかわらず、指定管理者が同じように「気づい」ていない場合には、なぜ該当していないと判断したのかその理由について、指定管理者が納得できるよう、わかりやすく説明してください。

ポイント

・評価項目に該当していないと判断する際に、「なんとなく感じた」「そのような印象を受けた」という曖昧な表現は認められません。具体的な根拠を提示する必要があります。

5．施設訪問調査において注意すべき点

　評価にあたっては、1日かけて施設訪問調査を実施します。訪問調査では、実際に施設内を歩いて目視したり、施設や設備等に触れて確認する必要があります。

　しかし、訪問調査実施日も施設自体は運営しており、多くの利用者が施設を利用しているため、利用者に迷惑をかけないよう配慮する必要があります。

> **ポイント**
>
> ・訪問調査にあたっては、事前に施設に申し出をする必要があります。特に、利用者が利用している様子を見学したい場合には、利用者の事前の承諾を得る必要があります。
> ・施設の安全確認等を行う際には、利用者の視線で確認を行う必要があります。特に、こどもやお年寄りの目線で危なくないかどうかを確認するようにしてください。

出所：横浜市指定管理者第三者評価制度評価マニュアル「第3部 指定管理者第三者評価実施上の留意点」より作成

平成20年度 横浜市指定管理者第三者評価機関認定申請及び評価員等養成研修のご案内

1 横浜市指定管理者第三者評価機関の認定申請

(1) 認定までのスケジュール（予定）
　　ア　評価機関申請案内の配布　　　　　6月30日～
　　イ　申請書類の受付　　　　　　　　　7月28日～8月1日
　　ウ　評価員等養成研修（3日間）の実施　8月27日～8月29日
　　　　（後述2参照）
　　エ　評価員等の登録及び評価機関の認定　9月上旬　　（予定）

(2) 評価機関の認定基準
　　次の認定基準を全て満たしている団体を評価機関とします。

> **横浜市指定管理者第三者評価機関認定基準**
> 1　法人格を有している団体若しくは有限責任事業組合
> 2　横浜市指定管理者第三者評価員として登録している評価員を最低2名以上確保しており、当該評価機関を主たる所属としていること
> 3　横浜市の指定管理者として指定を受けていないこと
> 4　安定的な事業運営が行えること（横浜市近郊に居住する評価者（評価員、評価補助員）を2名以上確保することなど）
> 5　最近1年間の法人税、消費税及び地方消費税を滞納していないこと
> 6　守秘義務規定及び個人情報保護規定を整備していること
> 7　暴力団（暴力団員による不当な行為の防止等に関する法律（平成3年法律第77号）第2条第2号に規定する暴力団をいう。）又はその構成員の統制下にある団体でないこと
> 8　「横浜市指定管理者第三者評価実施に係る承諾書」※1を提出すること
> 　※1　第三者性の確保、横浜市の評価手法・基準による評価実施、報告・公表、評価員研修の受講などの遵守事項についての承諾書

(3) 申請方法及び手続き
　　ア　申請案内の配布
　　　　申請案内は6月30日（月）から配布します。横浜市のホームページ

からもダウンロードできます。
　　　配布場所：横浜市共創推進事業本部(市庁舎7階)、各区役所、横浜
　　　　　　　　市立大学エクステンションセンター
　　　配布時間：平日　午前9時〜午後5時
　　　横浜市ホームページ掲載先：
　　　　　　　　http://www.city.yokohama.jp/me/keiei/kyoso/
　　　　　　　　　　　siteikanrisha/hyouka/sinsei.html

　イ　申請書類の受付
　　　申請書類は、次のとおり提出してください。
　　　提出期間：7月28日（月）〜8月1日（金）
　　　　　　　　（受付時間　平日　午前9時〜正午　午後1時〜5時）
　　　提出方法：提出にあたっては、横浜市共創推進事業本部共創推進課
　　　　　　　　担当まで事前に連絡し、日程調整を行った上で、直接持
　　　　　　　　参してください。提出書類の内容を確認の上、受領しま
　　　　　　　　す。なお、持参以外の方法では、一切受け付けません。
　　　　　　　　（共創推進課担当　TEL　045－671－3320）
　ウ　申請書
　　　申請にあたっては、次のとおり書類を提出してください。
　（ア）横浜市指定管理者第三者評価機関認定申請書　2部
　（イ）添付書類　2部（原本1部、コピー1部）
　　　a 法人の定款、寄付行為、その他これらに類する書類
　　　b 法人等の登記簿謄本
　　　c 役員名簿（所定の様式の他、**データを作成いただき、フロッピー
　　　　ディスクまたはCD-Rにてご提出ください。**）
　　　d 法人の資産目録
　　　e 事業計画及び事業報告等、事業の概要がわかる書類（パンフレッ
　　　　ト等）
　　　f 予算及び決算関係書類（有価証券報告書、会社法計算書類、税務
　　　　申告書類一式等）
　　　g 過去1年間の法人税納税証明書及び消費税納税証明書
　　　h 評価機関の組織がわかる書類（組織図、役員・職員名簿等。法人
　　　　の一事業部門として指定を受ける場合は当該法人の役職員名簿
　　　　も）
　　　i 守秘義務規定及び個人情報保護規定
　　　j 評価員等名簿
　　　k 横浜市指定管理者第三者評価実施に係る承諾書

エ　留意事項
(ｱ) 申請者の失格
　　申請者が次の事項に該当した場合には、失格とします。
　　a 申請案内における手続を遵守しない場合
　　b 申請書類に虚偽の記載をした場合
(ｲ) 申請書類の取扱い
　　申請書類は、理由のいかんを問わず、一切返却しません。
(ｳ) 費用負担
　　申請に関して必要となる費用は、団体の負担とします。

(4)　審査及び認定
ア　申請書類の確認
　　団体からの書類提出時に確認をします。

イ　審査方法
　　「横浜市指定管理者制度委員会要綱」に基づき設置された「横浜市指定管理者制度委員会」において、認定基準に基づき評価機関の認定の適否について審議し、同委員会の答申を受け、市が認定機関を決定します。(20年9月下旬)

ウ　認定の通知及び公表
　　認定審査の結果は、応募した団体に郵送で通知するとともに、認定評価機関については、横浜市のホームページに掲載し公表します。

エ　認定の期間
　　評価機関の認定有効期間は、認定の日から3年とします。

2　横浜市指定管理者第三者評価員等養成研修の開催

(1)　趣旨
　　横浜市において指定管理者の第三者評価を実施する評価員及び評価補助員（以下「評価員等」という。）としての態度を身につけ、横浜市の評価項目・評価基準を正確に把握するとともに、評価に必要な技術を修得するために、評価員等養成研修を実施します。

(2)　内容及びスケジュール

	評価員養成研修	評価補助員養成研修
〈1日目〉 8月27日(水) 10:00～18:30 横浜市立大学エクステンションセンター (西区みなとみらい2-2-1 ランドマークタワー13階)	①横浜市指定管理者評価制度の概要 　指定管理者評価制度導入の背景、概要について ②横浜市指定管理者評価制度の評価基準・評価手法 　評価手法、評価項目と評価基準、評価実施上の留意点等について ③評価対象施設の特徴 　各施設の設置目的、施設内容、業務内容、施設の特徴等について	
〈2日目〉 8月28日(木) 10:00～18:00 大岡地区センター (南区大岡1-14-1)	④実地研修 　地区センター・地域ケアプラザ・スポーツセンターにおける実地研修(予定) ⑤評価演習 　模擬評価 　(補助員も希望者は受講できます。)	↓ ○修了者を評価補助員として登録
〈3日目〉 8月29日(金) 9:30～12:00 横浜市立大学エクステンションセンター	⑥効果測定 ↓ ○合格者を評価員として登録	

※3日目は受講人数により、午後の時間帯になる場合があります。

(3) 受講の申請
　ア　申請書類の受付
　　　既存評価機関が評価員等の申請を行う場合は、申請書類一式を、下記のところへ郵送してください。提出書類の内容を確認のうえ、受講通知・受講料納付書をお送りします。
　　　(新規に評価機関の申請を行う場合は、認定申請書類とあわせて持参してください。)

　　　【申請書類郵送先】〒220-8114　　横浜市西区みなとみらい2-2-1
　　　　横浜ランドマークタワー　13階横浜市立大学エクステンションセンター　宛
　　　　朱書きにて「横浜市指定管理者第三者評価員等養成研修申請書類」と明記してください。

　イ　受講資格
　　　本研修の対象者の要件は、次のとおりとします。
　　(ア) 評価員養成研修

横浜市が認定する評価機関又は横浜市に認定を申請している団体に所属し、次の資格要件のいずれかひとつを満たしている方。

横浜市指定管理者第三者評価員資格要件

1 調査関係機関等で調査関係業務や経営相談を2年以上経験している者
  ・調査会社やコンサルティング会社の社員（2年以上）として、調査項目の作成、調査の実施、集計・分析、顧客へのフィードバックもしくは公表等までの一連の調査業務に携わり、調査や分析の手法に熟知している者
  ・ＮＰＯや任意団体の職員（2年以上）として、調査項目の作成、調査の実施、集計・分析、顧客へのフィードバックもしくは公表等までの一連の調査業務に携わり、調査や分析の手法に熟知している者
  ・顧客の経営相談業務を主たる業務とする事務所・会社等に2年以上所属し、顧客の経営相談業務を担当している者

2 経営・公共政策分野等の学識経験者で3年以上教育と研究に専念している者
  ・経営・公共政策分野等において、大学・短大・専門学校の常勤職員、非常勤講師、大学助手として、3年以上、教育と研究に専念している者。

3 公共施設等の第三者評価の実績を有している者
  ・福祉サービスの第三者評価、介護サービス情報の公表、グループホームのサービス評価において、調査員としての実績を有している者。
  ・福祉サービスの第三者評価、介護サービス情報の公表、グループホームのサービス評価において、調査員養成講習を受講し、研修修了証を有し、調査員として登録している者。
  ・本市の指定管理者第三者評価員の評価補助員として、2年以上経験を有する者

4 組織運営管理等業務を3年以上経験している者
  ・常勤職員が20人以上の法人組織において、法人の運営方針の決定に関与する役員として3年以上従事している者
  ・常勤職員が20人以上の法人組織の役員ではないが、法人組織内で20人以上で構成される部署を統括する監督もしくは管理の地位にあり、部署の運営方針の決定に関与する業務に3年以上従事している者

5 その他、上記と同等の能力を有していると横浜市指定管理者評価制度委員会が認める

(イ) 評価補助員養成研修

横浜市が認定する評価機関又は横浜市に認定を申請している団体に所属している方。

ウ 申請書類

申請にあたっては、次のとおり書類（各1部）を提出してください。
(ア) 横浜市指定管理者第三者評価員等養成研修受講申請書
(イ) 添付書類
　　評価員養成研修の受講申請者については、評価員としての資格要件を満たすことを証明する書類（在職証明、雇用証明等で役職、部下数等のわかるもの）を添付してください。
(ウ) 受講料
　　一人につき　3,000円（受講料納付書をお送りします。）
　　その他、申請に関して必要となる費用は、団体の負担とします。

エ　留意事項
(ア) 申請者の失格
　　申請者が次の事項に該当した場合には、失格とします。
　　a 申請案内における手続を遵守しない場合
　　b 申請書類に虚偽の記載をした場合
(イ) 申請書類の取扱い
　　申請書類は、理由のいかんを問わず、一切返却しません。
(ウ) 定員
　　研修の受講者につきましては、会場の都合上、120名となります。申込者が定員を超えた場合には、各団体の受講者の上限を5名とさせていただきます。

(4) 評価員等の登録
　ア　評価員の登録
　　評価員養成研修における効果測定の結果をもとに、評価員の合否について横浜市指定管理者評価制度委員会に諮問し、答申を受け合否を決定します。結果については、受講を申請した評価機関あてに郵送で通知するとともに、合格と認められた者を評価員として登録します。

　イ　評価補助員の登録
　　評価補助員養成研修を修了した場合は、受講を申請した評価機関あてに通知するとともに、研修を終了した者を評価補助員として登録します。

　ウ　有効期間
　　評価員及び評価補助員の登録の有効期間は、登録証発行の日から3年間とします。

参　考　横浜市指定管理者第三者評価制度の概要

(1) 趣旨

　横浜市では、指定管理者による施設運営について、「地方自治法に基づく、行政による業務履行確認・指導の徹底」、「指定管理者との協定等に基づく『利用者アンケート』や『利用者会議』等の実施」、「利用者の声を直接に市につなげる専用電話『ご意見ダイヤル（045－664－1122）』」の設置（横浜市独自の取組）」などにより、点検評価を行っています。

　これらに加え、公の施設としての管理水準をより一層向上するため、客観的な第三者による点検評価を実施し、指定管理者自ら業務改善を行うPDCAサイクルの確立を図ることを目的に、指定管理者第三者評価制度を導入しています。

(2) 評価対象施設

　指定管理者制度を導入した次の区民利用施設について、市が認定した民間評価機関が評価を実施します。　　※20年度実施予定施設は126施設です。

```
〈対象施設〉（詳細別紙一覧〔略〕参照）
　7種302施設（20年6月現在。今後、施設の新設等で増減します）
　①地区センター等　120施設　②スポーツセンター　18施設　③老人福祉センター
　18施設　④福祉保健活動拠点　18施設　⑤地域ケアプラザ　107施設　⑥こどもロ
　グハウス　18施設　⑦公会堂　1施設
```

(3) 評価項目及び判断基準

　評価項目及び判断基準は、指定管理者と市との協定を基本として、横浜市が定めています。

　評価項目については、次のとおり、5つの大項目を設定し、さらに小項目として各施設で実施されるべき具体的な項目を設定し、その項目ごとに達成・実行の状況を確認します。

大項目
小項目（各施設で実施されるべき具体的な項目）
Ⅰ　総則
①施設の目的や基本方針の確立、②施設目的の達成度、③職員配置、④職員マナー　など
Ⅱ　施設・設備の維持管理
①建物・設備の保守点検、②備品の管理、③清掃業務、④警備業務、⑤外構施設の保守点検、⑥植栽・樹木等の維持管理　など
Ⅲ　運営業務及びサービスの質の向上
①利用実績・稼働率、②利用案内(情報提供、広報等)、③運営体制（サービス水準の確保、個人情報保護、事故防止等）、④利用者ニーズ・苦情対応、⑤利用者等による評価と業務改善(利用者アンケート等)、⑥自主事業、⑦各施設特有の業務履行確認　など
Ⅳ　地域及び地域住民との連携
①地域や地域住民との交流連携の取組　など
Ⅴ　収支状況
①指定管理料の執行状況、②収支決算状況、③利用料金収入実績、④経費節減の取組　など

　このほか「その他」として、設定した評価項目では評価しきれない事項について記載することとします。

(4) 評価方法
　ア　小項目の評価
　　それぞれの項目ごとに具体的に定めた取組内容の達成状況などを確認し、3段階（ABC）評価を実施します。

〈小項目の評価の基準〉
　A評価：協定書や事業計画に定める水準を上回る状態
　B評価：協定書や事業計画に定める水準どおりの管理を実施している状態（標準）
　C評価：協定書や事業計画に定める水準どおりの管理を実施してされていない状態
　　　　（改善指導が必要）
　アピールポイント：指定管理者独自の取組について記載

イ　大項目の評価

それぞれの大項目の中の小項目の評価結果に基づき、大項目についても３段階（ＡＢＣ）評価を実施します。

〈大項目の評価の基準〉
Ａ評価：大項目の中の小項目のうち、半数よりも多く「Ａ」を獲得した場合
Ｂ評価：大項目の中の小項目のうち、半数よりも多く「Ｂ」を獲得した場合
Ｃ評価：大項目の中の小項目のうち、ひとつでも「Ｃ」評価を受けた場合

(5) 評価の流れ

指定管理者は評価機関への評価申請の際に、横浜市が定める評価シートに基づき自己評価を実施し、その自己評価結果とともに事業計画など必要な書類を評価機関に送付します。

書類を受領した評価機関は、それらをもとに書類調査を行い、実地調査の準備を進めます。さらに、実地調査により、内容の確認等を行い、評価を実施します。

その後、評価結果を指定管理者に通知するとともに、内容の確認・修正等の協議を経て、最終的に評価結果を決定します。

評価結果については、横浜市のホームページや各施設等で公表します。

また、第三者評価については、指定期間内に最低１回以上、受審することとします。

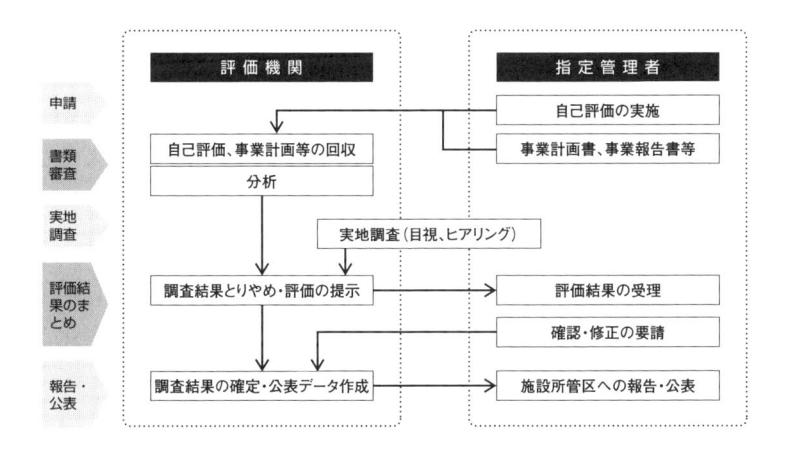

	評価機関	指定管理者
申請		自己評価の実施
書類審査	自己評価、事業計画等の回収／分析	事業計画書、事業報告書等
実地調査	実地調査（目視、ヒアリング）	
評価結果のまとめ	調査結果とりやめ・評価の提示	評価結果の受理／確認・修正の要請
報告・公表	調査結果の確定・公表データ作成	施設所管区への報告・公表

(6) 評価費用
　　1施設　20万円（税込、指定管理者と認定評価機関との間で契約します。）

```
◇市民利用施設へのご意見やご要望は…◇
よこはま市民利用施設
ご意見ダイヤル ☎045-664-1122
```

```
お問い合せ
横浜市共創推進事業本部　共創推進課
　電話 045-671-3320 FAX 045-664-3501
　電子メール　ts-kyoso@city.yokohama.jp
```

出所：パンフレット「平成20年度横浜市指定管理者第三者評価機関認定申請及び評価員等養成研修のご案内」（横浜市）

おわりに

　本書の最終校正を行っている時に、アメリカのサブプライムローン（信用力の低い低所得者向けの住宅融資）問題から表面化した金融危機によって、ニューヨークの株式市場は大暴落、欧米の金融機関への公的資金投入検討など、「世界恐慌」の再来か、というニュースが駆け巡った。これから先の金融・経済状況がどのように展開するのか、予想は難しいが、この問題が住宅ローン債権の過大評価から発生したことは興味深い。

　多民族・移民国家であるアメリカでは、異なった文化、宗教、生活習慣などを背景としながら、経済的社会的活動に関して、共通のルールを設定し、質の評価を行うさまざまな手法やシステムが開発されてきた。債権の格付けや大学の研究教育への評価など、客観的な指標を基に、国際的にも通用する一定の信頼関係を形成してきたアメリカで、今回のような経済的混乱が起きたことは、評価・モニタリングの客観性がまだまだ未成熟であることを物語っているのではないだろうか。

　同質性が高く、アメリカの対極にある我が国では、「性善説」に立つ傾向が強く、契約・評価を主張する思考にはなかなかなじめなかった面がある。しかし、昨今の財政危機により、少なくとも自治体の業務には、客観的な評価指標を導入する動きが活発になってきたことは確かである。

　本書のテーマである、アウトソーシング・指定管理者制度におけるモニタリング・評価システムは、出発点に立った段階に過ぎない。取材をし、資料をまとめ、執筆しながら確信したのは、客観的なモニタリング・評価は所与のものとして設定できるものではなく、試行錯誤を繰り返しながら少しずつ精度を高めるしかないというのが実感である。本書で紹介した評価・モニタリングの手法に関して、引き続きの研究、試行に多くの方が取り組んでいただけることを期待している。

　本書をまとめるにあたっては、学陽書房の川原正信さんに大変お世話になった。遅れがちな原稿を辛抱強く待っていただきながら、適切なコメントもいただいた。深く感謝している。また、取材に応じていただいた横浜市の第三者評価機関（株式会社コモンズ21研究所）の柳原眞理子さん、横浜市職員であり、横浜市の第三者評価を制度化し、詳細に説明をしてくれた城博俊さん、馬渕勝宏さん、貴重な資料の添付を許可して

いただいた杉山昇太さん、小森ゆき子さんにも心から感謝申し上げたい。
　なお、本書の執筆に当たっては、一部の文章に関して、次の文献に掲載された拙文を参考に、加筆訂正した。

　　「地方財務」（連載：「自治体の現場からみた『市場化テスト』の効果」（平成19年7月号から平成20年3月号、ぎょうせい）
　　『市場化の時代を生き抜く図書館』（第5章「注目されるようになった指定管理者制度による公共図書館の運営」）（高山正也・南学監修、時事通信社、平成19年11月）

　　　　　　　　　　　　　　　　　　　　　　　　　　　　南　学

【著者紹介】

南　学（みなみ　まなぶ）　　公立大学法人横浜市立大学理事・教授

1953年生まれ。横浜市出身。東京大学教育学部卒、カリフォルニア大学ロスアンゼルス校教育学大学院（教育学修士）修了。77年横浜市役所入所、2000年静岡文化芸術大学助教授、2004年神田外語大学教授。2002～2004年まで横浜市参与を兼務。主な著書に『自治体経営における計画・執行・評価』（2007年、社団法人日本経営協会）、『実践「自治体ABC」によるコスト削減―成果を出す行政経営』（〈編著〉、2006年、ぎょうせい）、『地方自治体の2007年問題―大量退職時代のアウトソーシング・市場化テスト』（〈編著〉、2005年、官公庁通信社）、『横浜市改革エンジンフル稼働―中田市政の戦略と発想』（〈共著〉、2005年、東洋経済新報社）、『横浜―交流と発展のまちガイド』（2004年、岩波書店〔ジュニア新書〕）、『行政経営革命―「自治体ABC」によるコスト把握』（〈編著〉、2003年、ぎょうせい）など。

連絡先　E-mail：mminami@agate.plala.or.jp

自治体アウトソーシングの事業者評価
――指定管理者制度とモニタリング・第三者評価

2008年11月4日　初版印刷
2008年11月10日　初版発行

著　者　　南　　学
発行者　　光行淳子
発行所　　学陽書房

〒102-0072　東京都千代田区飯田橋1-9-3
営業部　TEL 03-3261-1111　　FAX 03-5211-3300
編集部　TEL 03-3261-1112　　FAX 03-5211-3301
振　替　00170-4-84240

DTP制作／みどり工芸社
印刷／東光製版印刷　　製本／東京美術紙工
装幀／佐藤　博

Ⓒ Manabu Minami 2008, Printed in Japan
ISBN 978-4-313-16138-2 C3033
＊乱丁・落丁本は、送料小社負担にてお取替えいたします。